春消息

[释]六月近尾，各家春拍相继落槌，传统经典依然遥领风骚，靳先生四件上拍，悉数成交，件件过千万，《髡残》3910万再刷个人新高；陈逸飞《山地风》越过8000万，荣登中国嘉德20年油市总拍头把交椅，吴作人《战地黄花分外香》以8050万落座次席，比6年前个人记录翻了6倍多，……春消息！春暖花开，祥瑞初现，新一轮大市红开，可谓不远矣。

NO.34

中国油画市场 第34辑

顾　　问 靳尚谊　詹建俊　朱乃正　宋惠民
张祖英　尚　扬　戴士和

主　　编 苗凤池
副 主 编 薛国芳　孔令才　杜允上
学术主持 颐　斋
展览基地 展　鹏　李　勇
设计总监 吴文忠
主编助理 李沅芷
事务主管 孟祥淑
采　　编 唐　可　曲　艺
编　　辑 《中国油画市场》编辑部
电　　话 010-52029019
电　　邮 chinaopm@sina.com

出 版 人 陈高潮
责任编辑 陈高潮　高萌萌
责任印制 宋朝晖

出版发行 北京工艺美术出版社
地　　址 北京市东城区和平里七区16号
邮　　编 100013
电　　话 010-84255105（总编室）
010-64283671（发行部）
传　　真 010-64280045/84255105
网　　址 www.gmcbs.cn
经　　销 全国新华书店
印　　刷 北京利丰雅高长城印刷有限公司
开　　本 889mm×1194mm　1/16
印　　张 22
版　　次 2013年8月第1版
印　　次 2013年8月第1次印刷
书　　号 ISBN978-7-5140-0381-9
邮发代号 2-1315
定　　价 98.00元

建议上架：美术及投资专业类

图书在版编目（CIP）数据

中国油画市场. 第13辑（总第34辑）/苗凤池主编.
—北京：北京工艺美术出版社，2013.7
ISBN 978-7-5140-0381-9
Ⅰ.①中… Ⅱ.①苗… Ⅲ.①油画-行情-中国 Ⅳ.①F724.787
中国版本图书馆CIP数据核字（2013）第184658号

商亚东 暖冬 160×120 布面油画 2013

目录

[美丽中国]永不贬值的财富之

大家·杨飞云

杨飞云 肖像 布面油画

[预测]最受追捧的艺术家

四〇十杰（上）

何多苓 女人与村庄 65×73 布面油画 1993

王怀庆 大明风度 145×130 布面油画 1991

贾新光 大光 125×300×4 布面油画 2013

贾新光藝術的二律背反

……人近花甲，事多变故，年来，我常用小楷恭抄《心经》，有心得也有纠结。不久前，我请教贾新光：《心经》开头云“观自在菩萨，行深般若波罗蜜多时，照见五蕴皆空，度一切苦厄。”其中的“观”是自观，“度”是自度，“照”也是自照吗？是什么让我能观、能度？他没有直接回答我，而谓：道很平常，很清晰。由此，我理解，贾新光的前行，贾新光的回顾，往即是回，回即是往，即往即回，无往无回。（摘自剑武先生《何处是归程—贾新光艺术的二律背反》）

崔小冬 青春舞曲 150×150 布面油画 2002

石煜 恒河子民之一 25×15 布面油画 2013

何永兴 脚踏实地 200×250 布面油画 2012

中国名家
P72-157

072 崔小冬

如果说刘小东在市场上先得辉煌，那么崔小冬的后市空间则更为广阔，升值空间更为宏大，无论是前期购入，还是后期跟进的藏买家，都会因为持着崔小冬这支绩优股而有大收获，3到5倍的升值一定不在话下——这位“六〇十杰”将来不论在艺术修为上还是在市场表现上都会是一个十足的不俗人物，中国“大家·崔小冬”必然榜上有名。

102 黄菁

他在以样式符号为要旨的所谓当代艺术和以写实技法为能事的传统绘画这两大阵营轰轰烈烈演绎中国油画艺术与市场格局之外开辟出另一条清新之路，而且乐此不疲，硕果累累。

132 石煜

在这个你个画罢我个画的写实美人悦目的氛围里，石煜的画面呈现出来难得的清凉提神，是超越低级表象之外的精神意趣传神再造，确实“与丑不同”且具大家手笔。

158 刘文

刘文更为注重人物的构成与塑造，对所刻画对象的意象作更深一步的挖掘，多了几分“软”多了几分“柔”，使之有诗意的美感，增添了画面的读性。绘画是艺术，它要求创作者的个人修养、审美意趣、概括能力、转化手法等的综合体现，看出来刘文先生在这些方面有过常人之处，所以他画面的人物不俗，农人不土，丽人不艳，让受众精神向往。

[潜力]

最具升值潜力艺术家

184 盛伟

心存天地外，卧游山水间，从不刻意动笔抹彩，无意于佳乃佳，此济南盛伟也，净不染尘而每能自出佳构。

208 何永兴

全国美展、青年美展、金陵百家等等永兴的大作已“过了重重关卡”而获奖，于我，在看过了全国千百个有面貌的艺术家画面之后，还在各展中寻找何永兴作品的真实原因就是感动其诚真与实在。

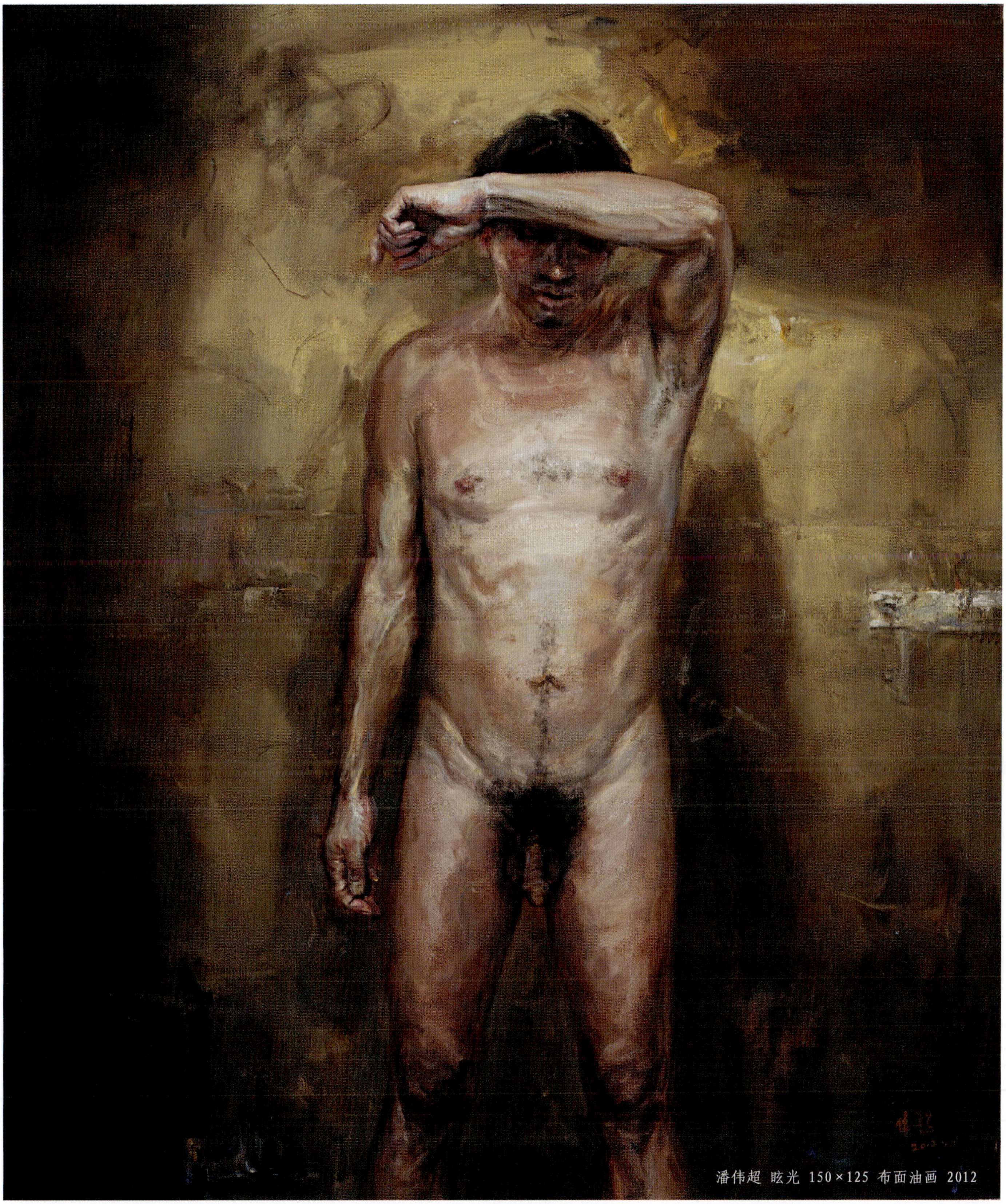

潘伟超 眩光 150×125 布面油画 2012

白冰洋 女双人体 150×120 布面油画 2010

230 王禄

扎实基础不受时风影响，合理布局有自家法则，科学用色能不落窠臼，真切关怀尽时代趣味，沉静的画面中透出作者的心态，深远的意境里看出他更远的追求，虽在具象，却有生动活泼，能与性情，且收放有度，得之心而寓之笔也。

252 白冰洋

“构图严谨而出手轻松，敷彩自然而跳跃程式，采众家之长而融个人意趣，独抒己见却不随波逐流。”《美术报》“以画说话”邀我推荐当代有作为年轻艺术家的时候，我毫不犹豫第一个就选择了冰洋，结果在后来的复选中不负众望，脱颖而出。

P274-309

中国美术馆

忻东旺 问 160×130 布面油画 2012

274 相由心生・忻东旺艺术作品展

忻东旺是中国当代写实油画创作领域中的优秀艺术家，他所取得的艺术成就，不仅源于创作上的刻苦与勤奋，也得益于他敏锐的艺术感受力，更重要的是，来自于他对当今社会中人的状态的深层思考和对劳动人民深厚质朴的感情。

名家集评

陈丹青 范迪安 靳尚谊 刘巨德 杨飞云 赵友萍 周长江 赵 萌

294 杨尧风景油画作品展

杨尧先生的画作，婉约与豪放相揉，但艺术思想的揭示，则还是婉转曲折，有如层层剥笋，以婉约为主，因而其作品多有民族艺术的含蓄丰富，余音绕梁三日不绝也。（文/姜士林）

300 心象・诗性 风景油画邀请展

我们对于中国油画风景的叙事方法以及个人言说方式，是缺少研究的，甚至于对许多类型的风景缺乏自觉的认识。这或许就是我们策划这个展览以推动学术研究的意义。（文/尚辉）

参展艺术家

钟 涵 詹建俊 赵友萍 张祖英 朝 戈 洪 凌 王克举 段正渠 白羽平 任传文 张冬峰

张祖英 心灵的天空 180×190 布面油画

[艺是]

中国油画有着宽广的发展空间

文/张祖英

中国油画已进入鼎盛发展期，近百年的艰辛努力，已成为当代中国文化领域发展最为迅速、成果最为显著的艺术门类之一。中国油画家所具有的才情、智慧和责任感，也使其成为国内最富进取、最为团结、最为活跃的艺术群体之一。

王晓光 北方之秋 100×200 布面油画 2013

水波烟雲·心中的聖地

北方常见有这样的丘陵地带，其间的黄豆、小麦、黍子、高粱、玉米等庄稼地，实为平实之极的风景，而每当我沉入其间，和它们没有距离的时候，它蕴含的无限的丰富却一次次唤醒我审美的神经，于是由景生情，有情就生出了“境”。苏轼言：“水波烟云，虽无常形，但有常理”，在穿越表象，进入内在构造，合理地去取舍的过程中，我有了一种自由、开阔、博大而超然的审美体验。（王晓光）

[美丽中国] 中国写实油画领军人物

大家·杨飞云

Y-F YUN

启示的奥秘

——我的创作心路

文/杨飞云

[编者按]《词源》：大②规模广，程度深，性质重要。《诗·鲁颂泮水》“大路南金”《汉·郑玄笺》：大，犹广也，《左传成十三年》“国之大事，在祀与戎”。杨飞云先生于油画艺术探索可谓程度深，倡导的艺术理念可谓规模广，其人其艺在中国油画发展史上可谓性质重要，当之无愧一代大家。本刊“大家栏目”在古典大家库尔贝、安格尔、印象大家雷诺阿、后印象大家梵高、现代艺术之父塞尚、立体主义大师毕加索以及中西融合大家吴冠中、现实大家靳尚谊之后，不可或缺的中国大家——杨飞云，先生早期精研写实，成果卓著，为各界公认，良好传承前贤精髓又开拓出新，后期汲取意象元素，于写实中融入写意，更近艺术本真，每作必心，不在程式完整，重在艺趣过程，引领中国写实油画的新方向，并以个人感召力，诠解大艺，普淋众生，主持“中国油画院”以心以力，成果硕然而声誉天下，若以西方油画发展格局论之，飞云先生则中国的安格尔也。上，虚心承纳；下，率意拓疆，在学术一块满布满写之时，更以个人佳作领跑中国油画市场。于己于人，于艺于市，于私于公，于家于国，善莫大焉。

画画之于我，是自幼从喜好开始的，一路喜欢过来，并在我的生命历程当中一直伴随着我，它给了我无法言喻的大乐趣，给我的生活增加了无以言状的色彩，不过，当这个爱好升成为我专事研习的职业，并和我的人生价值联系在一起的时候，我这种本能的、简单的自娱方式就不足以承载这个意义了。

因此，我掉入了绘画的奥秘中，从印象派与19世纪的写实主义进入，一步一步地摸进去，20多年来游历于历代大师建造的博大精深的传统里，潜心地学习、深究妙理，尽情的吸取营养，使自己长大，当我进入得越多，越感到自己的有限与可怜，我必须将自己打开去拥抱那真理，慢慢地我摸到了绘画的源头，这就是古典绘画折射出的光芒，他的内涵与魅力深深地震撼了我。

古典绘画不是一种风格，也不是区别与别的风貌的一种样式，更不是现在人们所认为的一种细腻、写实、漂亮、唯美的那个表面形态。这是一种歪曲，是对古典绘画的亵渎。古典绘画是经典，是人类绘画史上的最高峰。我们可以在这部经典中拿到我们想要的一切，不肤浅地说：所有的画风都是古典绘画的子孙，是从这里派生出来的，那种严谨精微的样式，却具有开阔宏人的内质，具象写实的外貌却表现出超然升腾的灵性之美，非常人性的表征却又承载着非常神性的大境界，以那样切实而可触摸的素质却能唤起人的崇高的理想和信心，古典绘画具有超越时代的 种恒久的生命力。我感到要想有水准地建立我们的现在，就应进入古典的经典宝库中，方可窥见绘画的奥秘。纵观人类绘画史上的几次繁荣无不如此，希腊文明是，文艺复兴是，19世纪也是，塞尚时期崇尚的那个本质更是，抓住了那个绘画的本质，才获得了再次启动的能力。

每当我真诚地深入里面，用我的心灵和有限的智慧去触碰那无限宽广的大智能时，那让我着迷的奥秘就赐给了我，我被深深地吸引了，一种解读绘画奥秘的幸福感油然而生，研习的兴致倍增。那不是技巧样式的探访，而是对绘画本质规律的理解与触摸，对于大师高

贵品质的体验与经历。我非常地感恩于此。

无需外在的压力和要求，更不需要“坚持”、“努力”等这样的字眼，忘掉了周围的事物，看不上那些此起彼伏的时潮，我体悟到了那种忘我的境界比有我的境界更大，忘我不是无我，而是我的提升。一个个体的我，有着太大的局限性，但同时他又是一种无法取代的独特性。当我将这个有限的我投入到传统文化的博大精深里，主动吸取所需营养时，这个小我就超越了个体的局限性，能量就会源源不断地得到高质量的供应，研究前辈大师无不如此，钱钟书先生说“创作热情的消失，就是创作才能的消失”引深一下，创作者生命活力的消失就是创作热情的消失，我们的生命活力若和赐生命的大源接通，好像一只灯泡将自己的插头插在电源上，他就获得了那大能源所给与的永不止息的亮光。

我很不理解那种反对传统、否定别人来强调和膨胀自我个性的人，我认为这恰恰是一种可怜，自己切断了生长的源头来仅靠一己有限的自我。现代理论大谈寻找自我，创作个人风格，甚至得出了“他人即是我的地狱”这样可怕的结论。我想这世界上确实没有一个废弃的人，除了自弃；世界上也没有一个全能的人，除了自以为全能。大诗人李白曾说“天生我才必有用”，这是一种肯定自我生命意义的伟大信心。我就在我的生命本体中一刻也不曾离开过我，离开了，我就不存在了。去哪里寻找呢？每一个有不同局限的个体就是他的个性，你所要作的就是接纳这个不同于别人的自我，寻找反会丢弃自我。个人风格不是创造出来的，是从你的生命深处涌流出来的。世上有多少个生命的个体，就会有多少种不同的风格，单单强调这些有何意义呢？我们所应鉴察的是怎样让自我长大，超越与升华这个局限的个体，忘掉自我，全身心地进入那深沉广博的传统经典中去广泛地吸取，在丰富的客体自然中写生，锤炼自己的绘画能力，这样有限的自我就全然地领会了无限创造的奥妙，从而达到令你无法想象的伸展。领悟次序井然的内在规律，驾驭稍纵即逝的外貌情态，才会使我们的表现确切、主动、鲜活，从而具有不可重复的特性价值。排斥他人，然而会关闭自身展开的可能，认识人类互为肢体、互相造就的奥秘，在荣耀别人时，

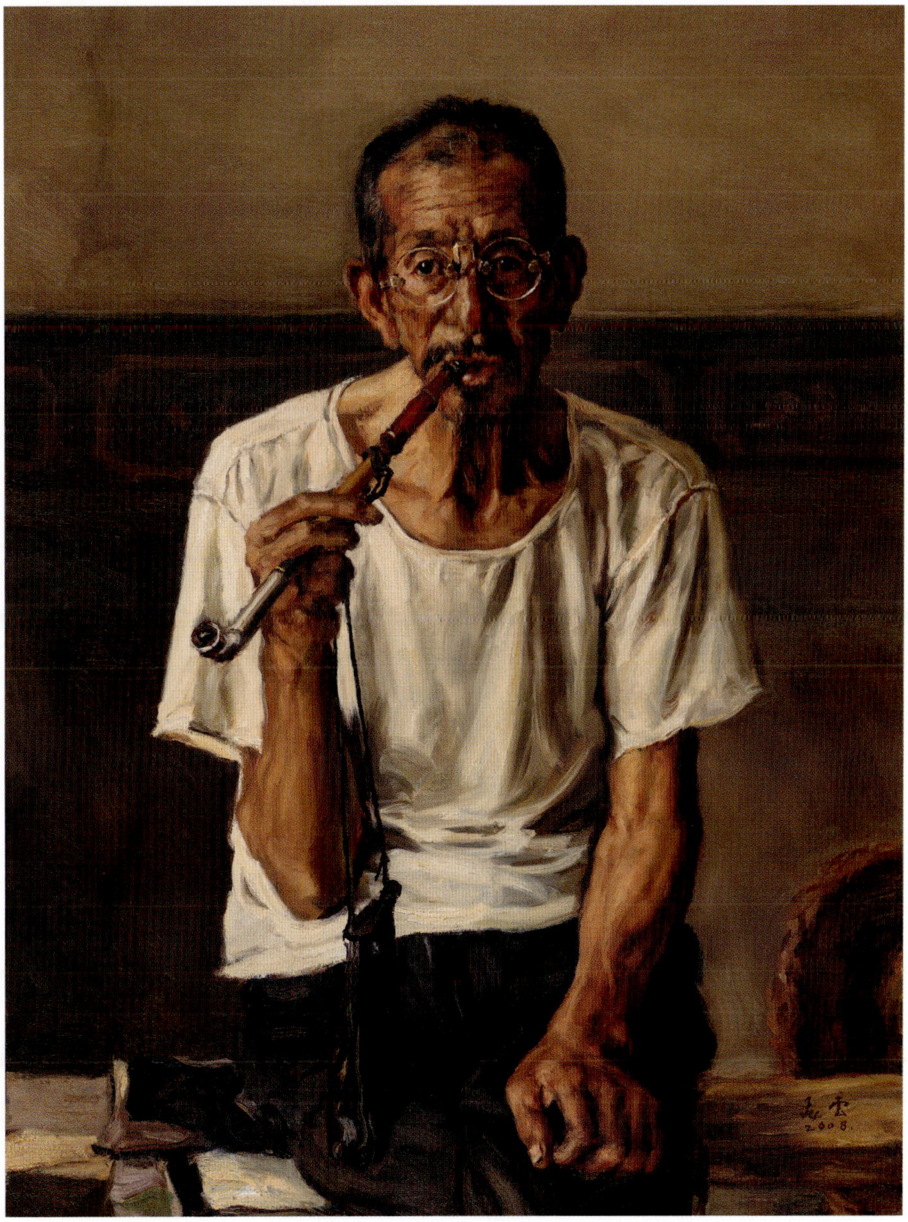

杨飞云 相遇不相识 200×180 布面油画 2010

杨飞云 陕北旱烟 116×81 布面油画 2008

反而确立了自己的价值，看看历史即会明白此理。我们说文艺复兴达•芬奇是伟大的，可是若没有米开朗琪罗、拉斐尔、提香和丢勒，文艺复兴就没有那么伟大了。我们认为伦勃朗是绘画界的泰斗，可是若没有维米尔、委拉斯贵支、鲁本斯和哈尔斯等，17世纪的欧洲画坛也就顿失光彩了。可见这些不同的个体灵魂在共同的追求中达到 互相荣耀、互为补充不可替代的作用，事物互相影响，叫有爱心的人得益处，伟大的时期如此，平凡的时期不是更应如此吗？

回看自己二十多年来的绘画路程，我曾长时间地痴迷于古典大师画面的精妙效果，模仿着去接近他。为此，我也曾求助于绘画材料的发现与掌握而四处寻找与尝试；为了寻见色彩的魅力不知做了多少写生的练习，为了领悟造型的真意而不间断手中的素描与速写，为了理解画面结构的妙处，认真地做着近乎刻板的理性推敲；深入的研习与即兴的速写交替赶路，这样专门地研究某一项总是进展很快，但这单一的进展马上会告诉我整体的意义。每一项绘画因素的深入探究今天看来都不可缺，是必须做的，尤其会对我未来的成长起着根基的作用。偏废某一点就不会健全，走了前一步才看出下一步的重要。有些朋友说我太重技巧，我更看重我心灵的品质，我不缺乏追求美好仰慕崇高的

杨飞云 荷花屏风 200×180 布面油画 1995

杨飞云 19岁 100×80 布面油画 1988

头脑，而经常苦于表达心灵时的那种无力与粗糙。画油画，若不能驾驭与调动油画要素，不能摸着油画特性所具有的妙处，还能谈得上什么表现水准吗？粗糙、简单、泛滥的表现于我何益？

艺术确实不是技巧，但是必须通过技巧来表达，艺术不在内容里而在内涵里，但是使用内容也可以表达内涵，艺术真的是一种形式，但是形式就等于艺术吗？艺术也不是修养，但是修养能帮助提高艺术的升华与品位，若将艺术比作人的头脑的话，技术就是人的身体，而修养就是他的行为举止，有了这一切就必然有了他的形式，这个身体的水准是实现你头脑心灵的重要场所，因头脑的重要就否定身体的作用是可笑的。一个健全的有生命力的身体才能让我们的灵魂自在而准确地行走。每一部分的完整都令我们健全，而每一部分的残缺都会让我们畸形。在精神上我崇尚健全，厌恶残缺。

我把我的现在看成是我 生中的一个环节，这每个不能缺少的环节与未来我所仰望的那个点连接。当生命完结时才是一个结论，我看重这个大结论。我看轻艺术中的时潮与过时之说，我看重水平与深度的恒久之理，真理是不会过期的，每个时代的人都试图用自己的角度和形式去接近那神圣的真理。若没有真理的追求而强调时代感的人意味着下一个时代来临时你会被无情地淘汰。若没有水准和难度的创新，很快就变成了旧的。

在这个躁动而无定力的时代，太缺乏信心，不能立定根基去建立，而常常被风误导，许多原本很有希望的画

家，很快就掉进了翻花样、求新奇的把戏中，浪费着自己的才华。令我尊敬的齐白石先生很有体会地说："绘画乃寂寞之道。"若把齐白石60岁以后的画拿掉，就没有齐白石的水平可言了。那么齐白石60岁以前的工都白做了吗？试想我们若把西方任何一位大师一生的作品拿掉七、八件代表作，这位大师就顿然减弱了他的光彩。可是剩下的那些作品都是垒就他的高度不可缺少的基石。真实践者都明白这个道理。快速长成的东西，来的容易衰败得也快，这种短命的东西不值得搭上生命去追逐。那种深植、重质、渐长的东西来得难也慢，却有恒久的生命力。这个鲜明的真理令我不得不屈服于此，我愿意在里面体会那恒长的大乐趣。

尽精微，才能致广大；明妙理，方能行自由。美术非常需要艺术家有美感，若没有美感我们应羞于从事美术创作。美术的产生先于文字的产生，美盲比文盲更贫穷更可怕，因为美和崇高和善相连，是发端于心灵的东西。若对美失去了追求，丑恶就生出来了。我期望自己远离丑而迫近美，一息尚存，追求就不会停止。我很反感那种表现人的动物性的绘画，这是一种反动，是现代人性的堕落，纵容自己的兽性，还以“返璞归真”的美称来标榜。我很崇尚古典绘画中那种仰望、礼赞、向上、探求精微的艺术状态。我很厌恶时下有些宣泄自我、暴露仇恶、厌世玩世的粗俗做法。今天的人认为一切事情都可以做，越是这样我们越应思考，日光之下当做何事为美？

我渴望以自己一颗仰望的、切切感恩的心，去礼赞那存在于万物生命中的美质，以信心和虔诚，用平实而确凿的绘画要素，终其一生，去表现令我感动并让我在纯净中体验到的那个超然境界，我乞求，让我的灵魂苏醒，常存饥渴慕义的心，在全然的生命活力中，有教养地有法度地去拥抱那存在于我们四围纯正的、鲜活的、质朴的大美，令我活着、做着就时时感到生命的意义和价值。

杨飞云 青梅竹马 200×180 布面油画 2011

杨飞云 一杯红酒 185×115 布面油画 2009

精深与单纯

——论杨飞云的油画艺术

文/范迪安

杨飞云在2003年举办的个人展览和他的画册的出版，对于他来说是多年来的一次比较集中地面向社会的艺术展示，也在相当程度上有艺术回顾的意味，因为这一年，是他从中央美术学院油画系毕业的第21个年头。他通过这20年间的努力和积累，以自己鲜明的艺术面貌成为中国当代绘画独特的一家，这一点画坛已有共识。而在这个展览中展示的主要是他20世纪90年代以来、特别是近几年的新作，使我们能够看到他艺术的深入境界和最新进展。

从20世纪90年代开始到跨世纪以来，是中国艺术界各种观念此起彼伏、不同路向的探索拉开距离的时期。在新观念、新媒介迅速涌现的形势下，人们的目光容易被热闹的景象所吸引，而忽视了一些沉着而坚定地坚持自己艺术目标的画家。很显然，杨飞云是坚定地在油画领域努力的一位。他的心态和角度完全不被其他艺术现象所干扰，长期沿着自己的艺术方向进行深度的探索，将自己的

杨飞云 红帘子（局部） 布面油画 2005

杨飞云 画家与模特 185×115 布面油画 2011

油画表达推进到新的高度。从他的艺术进程来观察一位中国油画家的作风与方式，有助于我们理解今日中国艺术多元发展的实际景象。

在中国做一个油画家的最大难处至今依然是缺乏烘托油画的文化环境。简言之，油画在中国只是一个画种，从西方引进仅有百年，而不是自身文化传统的有机部分。对于涉猎油画领域的人来说，只有当他接触油画时才开始接触这种表达方式，而不像西方，油画是全部文化传统的有机组成，即便是在现代以来的文化氛境中，油画也仍然占有相当比重。可以说，画家生来便浸染于油画气息弥漫的空间。中国油画家用油画作为表达和表现的方式，不仅需要良好的艺术感觉，积累足够的艺术能力，更需要保持清晰的艺术思路，才能把油画的技巧技能转化为表达自己思想感情的、顺心应手的语言。正是经过了长期的探索和努力，杨飞云具备了自己良好的油画感觉和掌

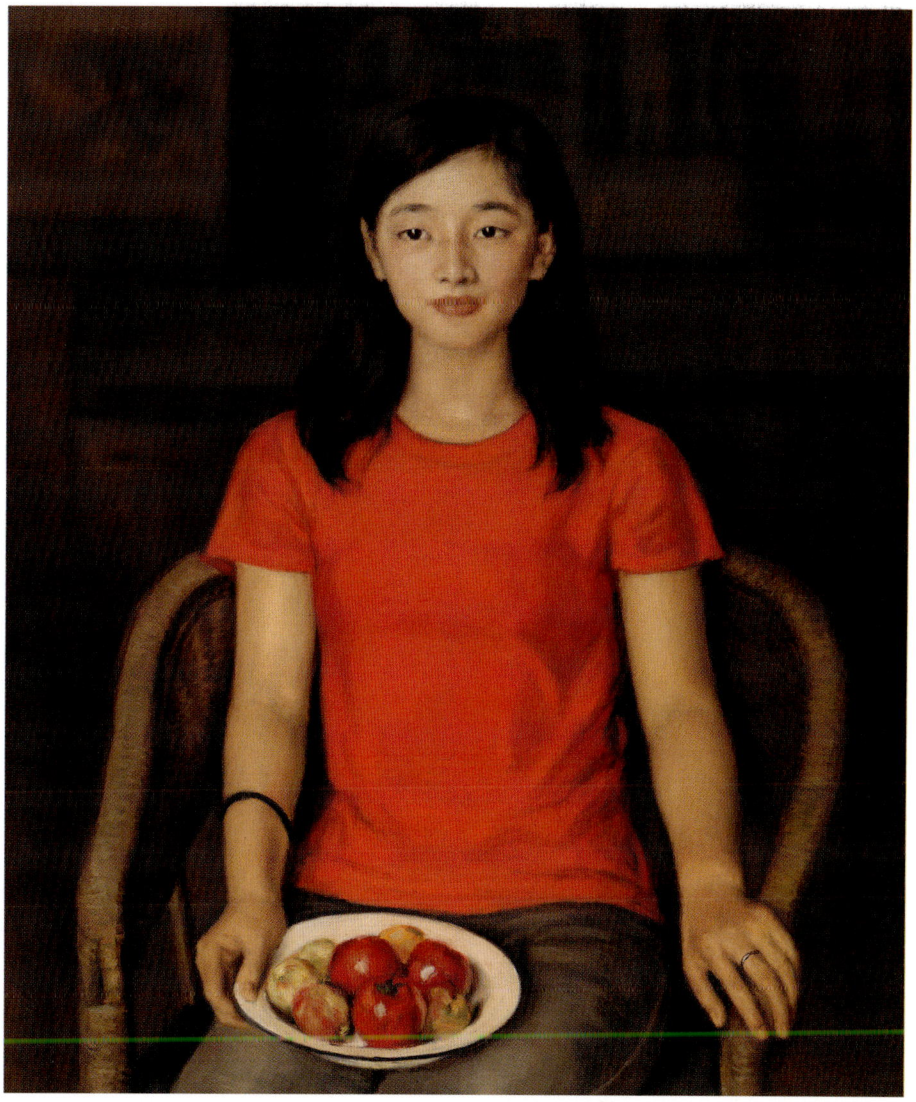

握这种语言的能力，并且鲜明地形成了自己的油画艺术个性。

杨飞云学习绘画之初，和他的同代人一样，获得的美术教育是简单和单一的。考上中央美术学院油画系（1978年）之后，他开始接触和涉猎到俄罗斯和原苏联绘画作品以及少量刚刚被恢复名誉的欧洲近代绘画。以印象派为主的欧洲近代绘画和原苏联绘画的“结合”是“文革”结束后一段时间里中国油画的理想追求，后者提供的“创作方式”——主要是主题性绘画是当时衡量艺术的标准，而前者展示的造型和色彩魅力则为长期处于单一风格的中国油画洞开了一方新鲜的视野，所以，许多画家都希望在立意上取原苏联绘画之经验而在造型和色彩上取欧洲近代绘画之丰富。年轻的美术院校学生更是大都着迷于频频出版上市的印象派画册，从中寻找对应自己感觉和兴趣的因素。

但是，杨飞云和他的油画系一画室的同窗们却对欧洲古典油画产生了浓厚的兴趣。在当时的文化条件下，这种兴趣既是学画者关于艺术理想的心理憧憬，其后面则又暗含着新一代画家对于自身艺术道路的独立思考。一方面，他们看到了古典油画的经典作品所具有的造型深度和表现力，认识到学习油画就应该研究古典油画的高深技巧，掌握油画的造型规律，解决中国油画在造型上的薄弱问题；另一方面，他们也初步地认识到，那些经过历史过滤之后传至今日的经典作品，蕴涵着浓郁的西方人文主义思想精神，这是油画艺术之所以感人的精髓所在。他和他的同学们开始琢磨如何画油画的问题，并且提出了“向大师学习”的口号。在年轻的学生中，这种思考和有意识地提倡是难能可贵的，它表明新一代画家把注意力放在自身艺术知识结构的建设上，意欲越过时空的阻隔，接近

杨飞云 吉祥蒙古 175×144 布面油画 2012

杨飞云 红色好看 100×80 布面油画 2008

艺术大师的创造真谛，研究他们的思想方式、创作手法和风格。杨飞云尤其对古典画家中的丢勒、荷尔拜因、凡•艾克以及意大利文艺复兴前期画家的作品感兴趣，对他们的艺术达到了迷恋的程度。同时，他也阅读西方古典哲学、文学和艺术史书籍，仅达•芬奇的画论就反复读了多遍。虽然当时还没有条件看到西方经典原作，只能从画册上叩问大师，但他沉入了经典油画的世界，凭借一种默默与之对话的心怀，体悟和领会到了油画传统的深层意境，并且感受到了充实。

20世纪80年代的中国油画出现被艺术评论概括和形容为“古典风”，表明了相当一批画家对于油画这种外来艺术语言的新的认识和新的研究。20世纪前期以徐悲鸿为代表的一代中国油画家选择学习的是西方近代学院派油画传统，他们完成了将油画正式传入中国的使命，但留下了尚待补充的课题；五六十年代的中国油画家吸收俄罗斯和原苏联的油画，使中国油画获得了新的经验，但艺术思想的过分意识形态化在相当程度上制约了画家在艺术技巧上的深化。当画家为过多的主题性要求作画时，必然不知不觉地形成了观察实物方式的表面化和表现技巧上的简单化。大量直接画法的作品虽然留住了一些激情的生动痕迹，但作品制作上的粗糙则是显而易见的，特别是缺乏油画语言的纯正感与丰富性。杨飞云等一批画家追求油画的古典风格，就是要在油画的造型感觉上接近欧洲油画的优秀传统，在油画的表现技巧上努力形成自己的手法，这两者在他们那里是相辅相成的。他们认识到油画的品性和特点在于整体地、内在地、相互联系地观察和感知被描绘的对象，以造型上的形体、结构、光影、色彩有机统一的语言体系，表现对象的体积感、空间感、质感和色彩感。他们通过大量的造型结构研究，力求深入塑造对象的形体本质，以解决形象塑造的简单化和表面化问题；他们特别着重研究形体轮廓的处理，把苏式油画那种色块叠压、虚入背景的边线过渡变为清晰刻画但与背景构成生动起伏的边线描绘，营构画面的立体空间效果；他们研究形体在空间中的色彩关系，追求色调、色彩表现力和色彩个性等方面的统一；在油画的具体描绘技法上，他们也研究有步骤地制作和有规则地处理……这些理性的研究和探索，花费了他们持续和大量的劳动，也正是这种理性的研究和探索，使中国油画的写实油画一路走向了新的水平层面。

关于20世纪最后20年的中国艺术史将会描绘这样的艺术/文化现象：一体化

的西方古典油画在近、现代演变为复杂的西方现代诸流派，古典油画的风韵在它的故乡几成绝响。但在中国，却有包括杨飞云在内的一大批画家潜心研究古典油画风格，这种从油画语言的“本源”上和油画内涵的“本质”上吸收西方油画精华的举动，是一种兼有技艺与文化意义的选择。发展中的中国油画似乎绕不开掌握地道的油画语言这个基础，因而，杨飞云作为新一代油画家的一员，在这个历史时期承担起了历史性的任务。

通观杨飞云20来年的油画作品，可以看到他从向欧洲油画学习到自己风格形成的脉络。

从80年代初到中期，他的研究重点主要在文艺复兴早期和北欧文艺复兴时期画家的作品风格，在对形体整体把握基础上追求造型的概括和提炼，以期创造出既有具体对象真实性又有理想化意味的艺术形象。他连续以人物肖像的形式实现这一阶段极为迷恋的“理想”。在《小演员》（1985）、《侧面》（1985）、《抱玩具的姑娘》（1986）和《北方姑娘》（1987）这些画坛熟悉的代表作品中，可以看到他在把握对象特征上的良好感觉和理性地处理画面的追求。这个时期的作品开始出现了一些属于杨飞云个人油画风格的特征：第一，他将构图提

杨飞云 回家 162×194 布面油画 2007

杨飞云 心中有杆秤 116×81 布面油画 2008

炼得十分单纯。人物形象在画中往往呈金字塔式的稳定感，姿态是安详的，动作幅度极小，在整体上显得简括，从而显出了人物精神和整个画面意境上的宁静。第二，他将人物所在的背景处理成比较扁平的空间，背景的物象很少，大部分是一片衬映人物主体的色域，而且通过色调上的统一和用笔上的细腻简略了空间的纵深感。这种处理的结果是突出了所画人物的形象气质，加强了作品的艺术性。第三，最能说明其“理想”追求的是他对整个形体的艺术处理。这是从两方面获得的：一方面他极为注意人物形象外轮廓线的推敲，这些线条体现了画家细腻而敏锐的感觉，线条的十分圆浑流畅，毫无视觉上的阻碍；边线的起伏和与背景纵深向度关系的时隐时明，呈现出一种优雅的趣味。另一方面是对

杨飞云 木卡姆艺人与他的学生 162×130 布面油画 2012

杨飞云 心中有数 116×81 布面油画 2008

形体进行概括，他运用光影将整个形体进行扁平化处理，把客观的形的起伏减略，使局部的形体统一在整体的大的形体之中，使形体变得单纯、明朗、大方。在作品中，平光的运用是他观察与表现的基础。由于注重运用平光，他可以以表现对象的固有色为主，可以把主体人物与背景比较清晰地分开，可以在某一块形体中增加平面中起伏的线条意味而减弱体积的厚重感。正是在造型上、色彩上的这些探索，这个时期杨飞云笔下的形象有了一种“理想”的意味，但是，这种“理想”的形象是在“写实”的前提下经过凝练而成的，是与精神的真实接近的艺术形象，也是杨飞云在艺术情趣上走向个人内心、走向优雅端庄的反映。在80年代的中国油画中，这些作品成为油画艺术新的质量代表。

从90年代到近几年，杨飞云的作品有了新的发展和变化。首先要提到的是，他在这10多年间创作的作品在数量上是可观的，而且每一幅都画得相当深入完整。这表明他在艺术上迎来了一个属于自己的中年盛期。他的创作热情和创造动力可以从两个方面来解释：一是他对绘画在今天的价值有了更为明确的认识，坚信中国油画必然能够通过一代又一代人的努力，达到艺术水平上的提高，形成与西方和世界对话的态势。这种信念是十分重要的，它支配着画家不断地向自己提出新的课题，并且努力地去解决。二是他对自己的艺术理想有了更为坚定的信心，认识到作为一个中国油画家，必须在学习和研究西方艺术的过程中不断明确自己的目标，做一个有独立思考能力的画家，用自己的心灵

去创造完美的艺术形象。这里，可以引用他对自己的要求的话来看待他的方向，他说：“作为一个画家，首先必须研究掌握绘画技巧。这是载体，不通过它就无能力达到目的地。其二是精神信念的建立。这是原动力，是艺术的生命。没有精神力度，作品就软弱和没有生命的光彩。第三是学养水平和理解认知能力的积累。没有这一点就没有质量和水平可言。概括地说没有精神就没有生命，没有学养就没有水平，没有技巧就没有能力，三者集于一身才能成为一个好画家。”对于一个80年代在个人风格上就已经比较明确的画家来说，能继续以更高的识度看待艺术和更高的标准要求自己，这就为自己的艺术发展铺垫了新的基石。观赏杨飞云近10多年的油画作品，可以看到他在精神、学养和技巧三个方面所达到的新的境界。

在这些作品中，杨飞云全面展示了他新的艺术立意。沿着80年代的人物肖像主题，他从原来以半身像作品为主的创作进展为全身人物肖像，这就使作品增加了更多的生活气息和现实意味，确切地说，这类作品不仅仅是肖像画，而是有主题的人物画。画家关注的是今日现实生活和人物精神状态之间的关系，通过对人物和其生活环境的刻画，表达对于现实生活景象和生命存在的感受，寄寓自己的情怀。从《妙龄女》（1995）、《盛夏》（1996）、《同行》（1997）、《姐妹》（1998）、《无忧虑的年龄》（1998）、《窗外阳光》（1999）等一大批作品中，可以看到他在表现人物的时代特征上与表达现实环境的特点上都更加注重具体的描绘，通过描绘对象的选择，人物的个性，人物的穿着、服饰乃至许多生活用品的细节，表达出在生活中存在的真实，作品也因此更加富有生活气息、情趣和现实意味。相比起80年代所追求的属于艺术“风格”上或“画法”上的“单纯”和“理想”，杨飞云在这个时期的作品追求的是带有生活气息的单纯和理想。他较多地回归到现实的真实，是为了避免创作上的概念化与空洞，是不断对自己提出课题的表现。他从现实的真实出发，研究、提炼和表达人物的精神世界，这就使作品的艺术容量更加丰富了，每一幅作品所具有的意味与意境也各不相同。在每一幅作品中，他都

杨飞云 陕北老人系列6 布面油画 2008

杨飞云 师家沟青年 130×97 布面油画 2011

精心地塑造人物的动态，在人物形体、动作上推敲臻致，使瞬间的动作传达出人物心理、情绪的微妙意味。在一部分由两个人物组成的作品中，他十分注意人物之间的相互关系，既从画面的形式角度考虑，更从画面的意境角度设计，使人物在所处的空间中舒展生命的活力，拥有自己所向往的世界。他作品中的环境——包括经常出现的植物、水果、家具、器皿等，都与人物有着相互依存的视觉关系和相互顾盼的生命联系。通过画面所有形象之间的内在联系，复杂多样的物体有机地结合起来，形成一个个崭新的整体。从丰富到单纯，在单纯中营造理想，这是杨飞云90年代以来艺术的新境界，也可以说，这个时期作品中的单纯感和理想意味，是画家基于更宽阔地理解生活、更深入地塑造形象，进而创造

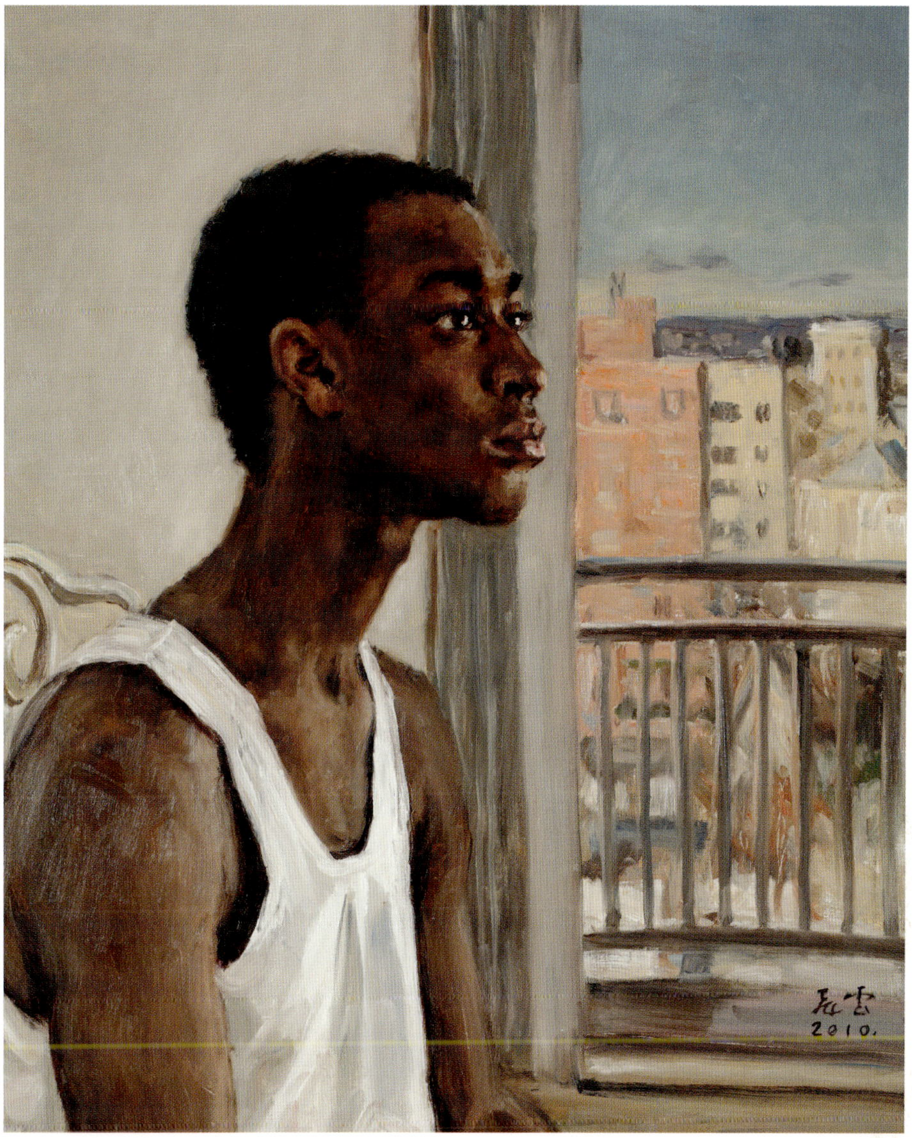

艺术性的结果。

画面的容量变大了，画面的内容丰富了，也就在形象、空间的塑造和画面整体意境的营构上增加了难度。但是从80年代中期开始，杨飞云多次前往俄罗斯、欧洲和美国等地考察，在许多世界著名博物馆观看到曾经使他心仪良久的油画名作，直接细察和揣摩古典油画不同名家的表现技巧与艺术风格，在油画的表现手法上有了深入的体会。理解西方油画和不断加强自身学养相结合，使杨飞云在艺术上有了更为明确的目标。在90年代以来的一系列大幅创作中，他的着力点是整体地提升油画语言的品质，着重研究如何深入塑造形象，达到作品内涵上的丰富性和整体上的和谐。在中国油画已经具备普遍性的时候，在许多油画又普遍存在简单粗糙现象的时候，他提出要重视油画中的“深入”问题，是十分及时和有意义的，这也是他对中国油画发展的学术见解。他说过：“绘画贵在深入，不深入就无法有力度。所谓‘尽精微，至广大’就是这个道理。深入不是细致周到的刻画，深入是深刻的体现，是进一步在主次秩序、色彩关系、形象比例及节奏韵律上的完善和谐所达到的妙境。深入是更纯粹地接近你要的那个境界。就像音乐家作曲一样，深入决不是增加更多的音符让曲子变得复杂冗长，深入是追求和谐、准确、有力的节奏所造成的那个高级境界。”读他的这些见解，再看他这个时期的作品，能够清楚地了解到他在“深入”这个层面上所达到的高度。在当代中国油画家中，他在整体驾驭画面、准确塑造形象、深入刻画细节、传达人物神情、创造和谐意境上所达到的水平，是不多见的。

如前所说，油画是一门欧洲艺术，

杨飞云 女儿榻 130×161 布面油画 1997

杨飞云 纽约法拉盛 76×61 布面油画 2010

在它的故乡有着孕育、滋养和理解它的深厚土壤，而它被移植到中国的土壤上，就像从异国带来的名花贵草一样，必定要经历一个适应和融会的时期，也需要转化为中国画家自己的表现语言，传达中国人的思想感情。作为中国油画家在这方面的自觉，是使“外来的”油画成为“中国油画”的基础。整个中国油画界在进入90年代之后，这方面有了更多的提倡。作为在画坛已经著名的油画家——杨飞云更是内在地坚持着这样的目标。他并未大声地倡导油画的“中国化”，而是默默地在这个历史性的目标上努力，用大量作品说话。他10多年的探索及其成果，展示了油画的中国情趣和中国品质。比如，他的作品在色调上是朴素而高雅的，摒弃浓妆艳抹，讲求自然平实。尽管画的是当代的中国人物和景物，却将中国古代传统中崇尚质朴、清新的文化品质与西方油画典雅温润的语言特质有机地融合到了一起，描绘和渲染出既有中国情趣又有油画情致的气韵。他在表现中国人的思想感情上倾注了长期探索，不仅在造型上表达了中国人的形体、形貌特征，还重点地刻画中国人的性格共性与神情，使笔下的艺术形象富有中国人含蓄、内在的神情；在他许多以青年女性为主人公的作品中，特别着重表现了中国女性的单纯和美丽，建立起了一个中国油画的青春女性系列；他描绘了大量女人体，但是不仅仅作为内容来表现，而是作为课题来研究，在女人体系列中画出了不易掌握和表现的黄种人肤色，并且将女人体和东方的、中国的景物结合起来，形成幽雅的东方意趣，使之散发出生命的光彩……所有这些，都是探索“中国油画”的实在成果。

除了上述杨飞云油画艺术不同时期的变化之外，当杨飞云的作品并置在一个空间里时，他在油画艺术上的个人特征是更加明确的。首先，他作为一个“室内画家”的特征跃然眼前。虽然他也在室外画风景，但他长期以来的代表性作品主要是在“室内”完成的。这里的“室内”二字，包括了他对艺术境界的追求，创作念头的萌生，意欲探究的课题，面对的空间、人物和他的作品制作的过程。从艺术观念上看，他所处的时代主要是一个“室外时代”，是现实在视觉上不

杨飞云 唐韵 180×130布面油画 2011

杨飞云 纯真 130×97 布面油画 2008

断起变化的时代，因而也是画家们有兴趣描绘各种变化性景观的时代。“创作”这个概念成为一种有目的的将视线投注于社会变化的方式方法。许多画家在这个时期特别醉心于作品内容的社会意义，艺术观念对应着迅速变化的外部世界。在这样的时代条件下，杨飞云把他的目光不懈地落在室内，不能说不是一种属于他的独特性。他也怀想自然的生机，但他把这种怀想紧紧地聚积起来，落实在他的生活空间中；他意欲表达宽阔的人生，描绘更多的人，但他把关于人与人生的理解都积聚在画中肖像式的人物上，似乎只要有他十分亲近而熟悉的室内就够了。在这个有限的空间中，有提供他遐想、捕捉、研究、肯定的一切。他的艺术灵感和激情足以回旋。他更把室内当作一个客体，用自己的智慧去不断解索其结构之谜。在90年代以来的一些作品中，他也画风景中的人物，有时从室内的窗口可以看到外面的自然风景，但就他绘画的着眼点来说，他是立足于室内的。那些让外部风景从窗口“进入”室内以联系内外两个空间的画面结构，其

实更证明了他将“室内”视为完整的世界。也许因为杨飞云的性情是内倾的，他便内在地需要一个与他深沉的精神领域同构的视觉空间。由此有理由说，“室内”，在杨飞云那里，并不仅仅是一个观察的对象，一个思维的范围和艺术兴趣的焦点，而是一种体现了他内心情感的精神世界。面对室内，犹如面对一个无限的空籁。在那里，他倾听到神秘而清晰的自我意识的回音，因而坚定地在那里驻足，一次又一次地探究从现实世界通往精神世界的道路。

作为一个人物画家，杨飞云笔下的人物有多种姿态和多种情形，而且几乎所有的人物在画面中都是描绘的重点，形象饱满充实，在感觉上与观众十分贴近。从作品结构上，便透露出他的“近观”方式，他既驾驭所感受到的整体，又刻画出所观察到的细节，把贴近视觉的一切都清晰地传达了出来。这里所用的“近观”一词，可以指涉为绘画中的观察方法，但更是一种审美趣味。一个性格朴实的人会特别喜欢实在而具体的东西。在多年的艺术探索中，杨飞云越发觉得在心理上需要一个个实实在在处在眼前的对象，并要在很近的距离中观察它们。他几乎从不凭任何照片作画，而需要面前的模特。他认为他的一些同龄人有凭借想像营构画面的才能，而他似乎缺乏这种天分。他说他离不开对象，离开了对象就没有想像力。只有一个具体地呈示在他眼前的物

杨飞云 姐妹 190×168 布面油画 1998

杨飞云 礼拜日 162×113 布面油画 2007

象，才能唤起他表达的激动和处理的灵感，进而变成想像与憧憬。只有借助眼前具体的物象，才能产生出独特的感觉，否则画起来就会空泛。因此，长期以来，他十分注重写生，在大量的油画之外，还作了大量的素描与风景写生。从他的素描中，可以看到他的画笔如同跟着感觉神经的末梢，在纸上留下用心理感受物象的痕迹，轻微淡雅却入纸三分，神情毕现。他的风景写生用笔传情，色调高雅，表现的重点是景象的气息。他说过写生对于画家的重要："我喜欢写生，面对造物写生有许多好处。朴素而直接地观察自然，能让人保持头脑清醒，目光敏锐；诚恳与深入地体悟自然，能使人心灵纯净，心胸开阔；理性科学地去研究自然，能使人掌握对物象的概括能力和哲理的认知力。写生能使人进入物我两忘的境界，培养起主动观察的自觉性。写生教会了我去热爱生命，使我感觉活跃，情绪激动而专注。写生决不仅仅是对着实景画画的方式，它含有观察、理解、选择、把握、想像等诸多主动的因素，照抄与自以为是都画不好。”他总是与描绘对象见面后，在观察中抓住触动他感觉的东西。在创造主体与物象客观两者中，他首先注重从物象出发，研究物象存在的具体特征，而不是空泛地凭经验作概念地表现。在深入研究对象的基础上，达到主观与客观的统一，刻画与表现的统一，造型与意境的统一。在作画时，他喜欢逼近物象观察，不仅是观察物象的细节，而是在“近观”中把握物象的实在感。在人体中，那些细节是生命机体所呈现出的活力和气息，光线的照射、光影的变化在肌肤表面形成引人入胜的微妙起伏，他通过细腻地描绘传达了肌体质地的生机，他意欲捕捉和肯定的便是那种蓬勃的生命存在。

由此看来，室内世界使他与被描绘物象的距离拉近了，对物象的近观使他的心里感到踏实和真切，这种观察与表现方式所形成的艺术方式又使他愿意长期驻留在室内。因此，室内对于他来说是一个自足的精神空间，他的画作向我们开启了一扇窗口。在那里，画家对我们说：“这里就是一切。”

一个艺术家会有他极为迷恋的东西，在画家那里，艺术冲动是由艺术感觉引发的，艺术趣味也是由某种视觉倾向培养起来的。一种艺术语言不能纯粹地存在或成立，它终究要与一个艺术主题融合为艺术的整体。有时候，这种主

杨飞云 爷爷·孙女 180×150 布面油画 2011

杨飞云 陕北老人系列5 布面油画 2008

题是频频出现的。许多年来，在杨飞云的笔下，青年女性几乎是“永恒”的题材和主题。在大量作品中表现了温婉、淡雅、纯洁的女性神情，形成富有意味的象征形象。杨飞云曾率直地说他不喜欢丑陋的东西，也不喜欢衰老的形象。他坚持认为只有青春的事物才使他激动，他要表现的是美好、圣洁与善意。为此，他总是描绘充满生机气息的人物，呈示青春的纯净和内在活力，以怀咏如梭的岁月，寄托自己对人生的理想。走向精深与走向单纯，这个中国油画的课题在杨飞云的探索中得到了坚实的实现，这也是他对于发展中的中国油画作出了自己的贡献。

附：杨飞云部分油画作品成交一览表

静物前的姑娘	100×80	布面油画	1988年作	RMB34500000	北京保利	2012-06-02
荷花屏风	200×180	布面油画	1995年作	RMB17250000	北京保利	2012-12-02
红	195×165	布面油画	2007年作	RMB11500000	北京保利	2011-06-02
同行	194×136.5	布面油画	1996年作	RMB10925000	朵云轩	2011-07-03
朝向光	185×115	布面油画	2007-2008年作	RMB7590000	北京翰海	2013-06-01
大植物	130×97	布面油画	1995年作	RMB7475000	北京保利	2013-06-01
山水之境	146×114	布面油画	2005年作	RMB7130000	北京保利	2013-06-01
女人与猫	115×125	布面油画	1987年作	RMB6900000	中国嘉德	2012-10-31
女儿榻	161×130	布面油画	1997年作	RMB6608000	中国嘉德	2010-05-15
西北的云	90×75	布面油画	2002年作	RMB6600000	北京嘉宝	2007-11-03
一杯红酒	185×115	布面油画	2009年作	RMB6095000	北京艺融	2011-11-19
双项链	130×97	布面油画	2011年作	RMB6095000	华艺国际	2012-06-10
三友行	200×155	布面油画	2002年作	RMB5824000	北京保利	2007-11-30
木卡姆艺人和他的学生	162×130	布面油画	2012年作	RMB5750000	北京保利	2012-06-02
十七岁	130×97	布面油画	2011年作	RMB5750000	华艺国际	2013-05-05
祈祷和平	185×115	布面油画	2007年作	RMB5720000	际华春秋	2008-05-28
红色的张力	167×130	布面油画	2002年作	RMB5175000	北京翰海	2012-05-25
红衣少女	130×89	布面油画	2000年作	RMB5060000	北京传是	2012-05-16
恒	146×89	布面油画	2005年作	RMB4600000	北京保利	2011-12-03
赞美之声	162×130.5	布面油画	2006年作	RMB4600000	中国嘉德	2012-05-15
方式	162×130	布面油画	1998年作	RMB4600000	北京保利	2012-12-02
十九岁	100×80	布面油画	1988年作	RMB4592000	中国嘉德	2007-05-13
纯净的和谐	160×119	布面油画	2002年作	RMB4370000	华艺国际	2011-12-11
窗外的阳光	130.5×90	布面油画	1999年作	RMB4370000	荣宝斋	2012-06-16
自在	161.5×130	布面油画	1998年作	RMB4140000	北京保利	2012-12-02
荷花品质	162×130	布面油画	2000年作	RMB4032000	中国嘉德	2007-11-06
多梦时节	130×97	布面油画	1999年作	RMB4025000	北京诚轩	2011-11-11
无声	168×105.5	布面油画	1996年作	RMB3920000	北京保利	2010-12-01
双人体	161×130	布面油画	1988年作	RMB3920000	中国嘉德	2007-05-13
那时我们正年轻	125×115	布面油画	1991年作	RMB3850000	北京荣宝	2006-05-14
大提琴手	146×97	布面油画	2004年作	RMB3795000	北京匡时	2011-12-03
小演员	116×95	布面油画	1985年作	RMB3696000	中贸圣佳	2007-08-20
走神	162×130	布面油画	1994年作	RMB3680000	北京保利	2012-12-02
坐着的女人体	145.5×97	布面油画	1997年作	RMB3680000	北京保利	2012-12-02
三人体	160×130	布面油画	1995年作	RMB3680000	北京保利	2011-06-02
坐着的女人体	116×89	布面油画	2011年作	RMB3450000	华艺国际	2012-10-11
黄猫	146×97	布面油画	1995年作	RMB3450000	北京保利	2012-12-02
镜中无人	200×100	布面油画	2006年作	USD432000	纽约苏富比	2007-03-21
果实	130×97	布面油画	2005年作	RMB3248000	北京九歌	2010-06-22
心在书外	185×115	布面油画	2009年作	RMB3220000	北京保利	2012-12-02
影子	130×90	布面油画	1994年作	RMB2990000	北京保利	2013-06-01
少女与镜子	171×108	布面油画	2005年作	RMB2990000	北京保利	2013-06-01
彝装	162×83	布面油画	2001年作	RMB2970000	北京翰海	2006-06-25
画室中的女人体	128.5×96	布面油画	1992年作	RMB2760000	北京匡时	2011-12-03
女人体	130×96.5	布面油画	1991年作	RMB2640000	上海崇源	2006-01-06
窗前	130×97	布面油画	1996年作	RMB2530000	北京保利	2007-06-01
青春彩虹	195×125	布面油画	2004年作	RMB2530000	北京荣宝	2005-11-27
少女	130×97	布面油画	2008年作	RMB2464000	北京保利	2010-06-02
灰色和谐	130×97	布面油画	1995年作	RMB2464000	中国嘉德	2008-04-28
红帘子	200×100	布面油画	2005年作	RMB2420000	中国嘉德	2005-11-04
镶金边的云	130×110	布面油画	2006年作	RMB2420000	北京翰海	2006-12-17
画家的妻子	147×117	布面油画	1989年作	RMB2352000	北京保利	2009-11-21
妙龄	145.5×97	布面油画	1996年作	RMB2352000	北京翰海	2007-06-24
画室	110×90	布面油画	1987年作	RMB2310000	北京保利	2006-11-21
晨雾	91×110	布面油画	1988年作	RMB2300000	西泠拍卖	2012-07-07
怡然	124×96	布面油画	2004年作	RMB2240000	北京永乐	2010-11-24
内醒	100×80	布面油画	1998年作	RMB2240000	海士德	2010-12-30
揪辫子的女孩	155×105	布面油画	1999年作	RMB2200000	中国嘉德	2006-11-22
畅然	113×146	布面油画	2006年作	RMB2200000	北京保利	2006-11-21
窗外	91×117	布面油画	2003年作	RMB2070000	北京华辰	2012-05-12

杨飞云 两代人 160×130 布面油画 2008

杨飞云 17岁 130×97 布面油画 2011
杨飞云 镜中无人 200×100 布面油画 2006

杨飞云 山西人 200×150 布面油画 2011
杨飞云 持花女子 180×90 布面油画 2011

杨飞云 双项链 130×97 布面油画 2011

杨飞云 红纱巾 200×100 布面油画 2006

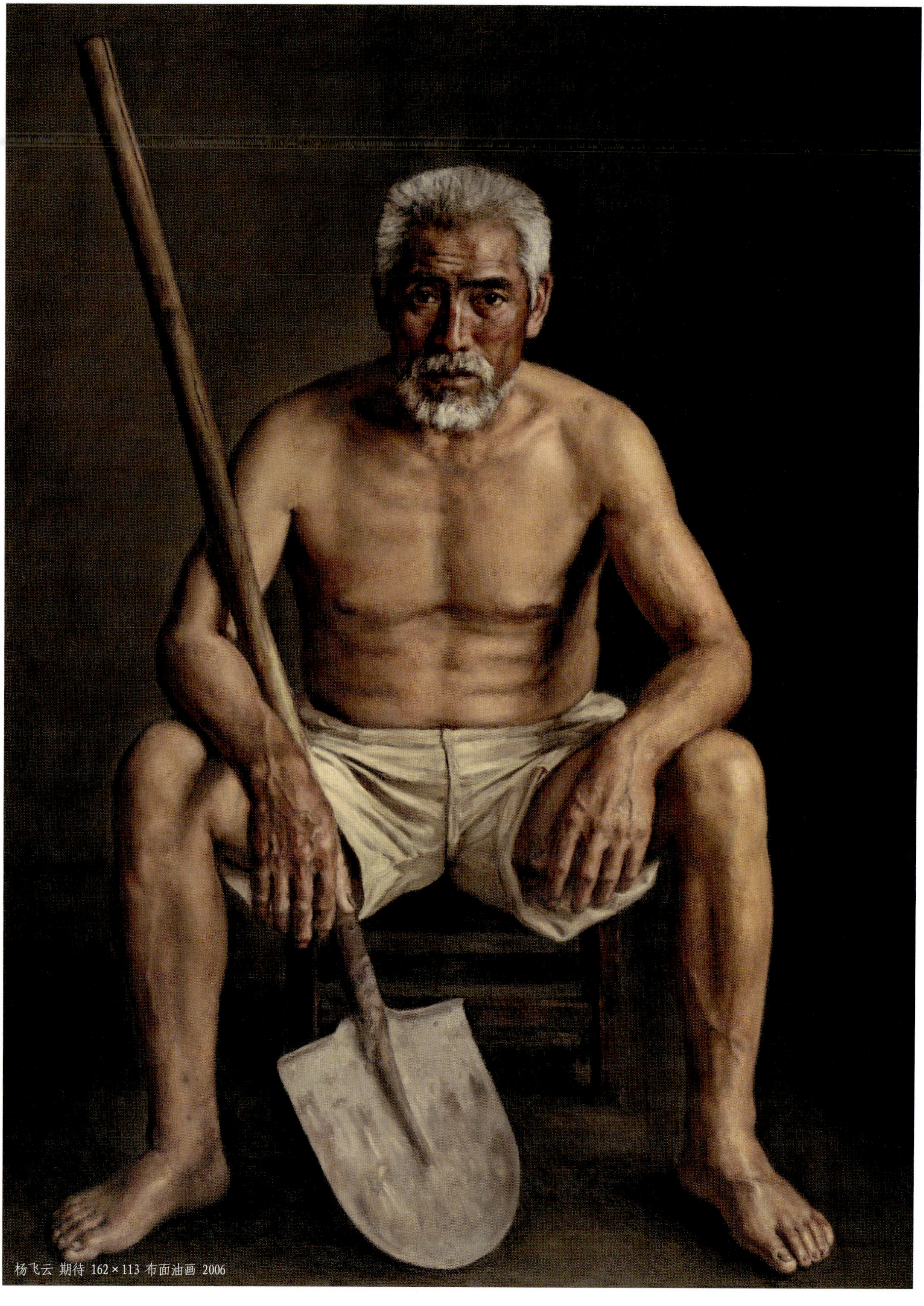

杨飞云 期待 162×113 布面油画 2006

杨飞云　牧人　160×80 布面油画 2011

[预测]2011-2020这十年，最受市场追捧的人之

四〇十杰(上)

艾轩

[市场数据]
目前上拍件数：488件
目前成交比率：78%
目前总成交额：51780万
目前均价：60万/尺
单件最高拍价：2072万
最高纪录作品：《圣山》
上拍机构：北京保利
上拍时间：2010.12.1

[凤池观察]
有一流艺术家的才情，有一流诗人的气质，有当代人与时俱进一流的意识，大作怎能不值钱？一件，就一件，一个亿也不为过，这就是艾轩先生还有他作品的魅力，我相信好戏在后头呢。

[画人妙语]
藏家不屑“低产” 如果是那种长期维持高价位的作品，肯定是经受住市场考验的，绝对不可能是很差的画，更不可能是炒作的。因为一味地长期高价位炒作，炒家肯定扛不住。专业炒家一般对“低产画家”都不屑一顾。很早以前就有炒家找上门来，他们找过杨飞云、陈逸飞等画家。结果发现，我们的生产速度根本达不到炒家的要求。有些画家认真画上一年半载才能出作品，靠这种效率，炒家会很赔钱。其实炒作出来的作品特征很明显，就是画得简单、符号明确、速度超快。

好画好市 我不认为画家的画卖得好是件坏事，是什么“向商业低头”。毕加索生前的画在艺术市场上就卖得很好，可是这并不能损害他艺术巨匠的地位。为什么同样的事一到中国就变了味呢？凡是进入商品流通范畴的画都可以称作商品画，但并非就是‘行画’，关键要看这位艺术家的作品究竟是在迎合商业还是引领商业。

艾轩 远方传来陌生的歌 120×110 布面油画 2008
艾轩 枯草在寒风中摇曳 130×130 布面油画 2004

[专家说法]

中国艺术的复苏，始于1979年。所谓复苏，系指艺术摆脱附庸与官方政治需要的地位，走进艺术本来的那种精神自足状态之中。这种返回艺术之途的初期，美术界呈现出对形式的热衷。但在1979年的下半年，暴露社会阴暗面的所谓“伤痕美术”骤起并席卷全国，取代了“形势热”而成为美术界的主要趋势。因为建国30年文艺思想对艺术家的禁锢，表现在艺术形式上的划一，还只是最表层的现象，其实质是对时代乃至艺术家心理真实的粉饰。这个艺术现象的最大功绩就是敢于真诚地面对现实。这批画家被称“知青画家”。他们基本上是共和国的同龄人，随着“文化革命”“上山下乡”的洗礼，尤其接触到农民生活之后，学生时代形成的粉红色理想被残酷的现实击碎。他们的心灵上的创伤和痛苦来自他们看到的现实的阴暗面，他们又对这种阴暗面的描写，找到了自己的灵魂的归宿。所以他们反叛的是某种“社会理想”对现实的粉饰，不是现实主义文艺观本身，恰恰是在校正被政治歪曲了的现实主义。随后“伤痕美术”摆脱了强烈的批判色彩，走入对平凡生活体味的“生活流”并从此明显地向两个方向发展：一是关注质朴的人情味的“乡土风”；一是注重个人内心体验的“伤感的魏斯风格”。尤其后者，就其所涉及到的艺术内蕴，标志中国艺术走进了诸如孤独、焦虑这些人类深层的意识中。从视觉表现方式看，再现不再是最重要的，而开始倾心于对蕴藏在熟悉事物中的某种“陌生感”的把握。如通过对小人物的关切，去渲染人生孤寂的伤感色彩。艾轩是这种风格的主要代表画家。在新潮美术风起云涌的今天，写实主义在中国反而愈加固守自己的阵地，艾轩作为这块阵地上的轿子，义无反顾地沉浸在其中，这是一种值得深思的现象。当十年前人们刚刚从“文革美术”中醒过来，在反对粉饰现实的假现实主义的同时，“写实”曾一度受到普遍的怀疑，并且后来引咎于徐悲鸿。其实，中国传统艺术到了清末已经成了一种笔墨游戏，它使艺术家一方面专注于内心寻求“净土”，一方面在画面中寻找笔墨自身的乐趣，当艺术远离了生机勃勃的现实太久后，就已经走上穷途末路了。徐悲鸿引进写实进入传统艺术。然而，徐的艺术观与建国后强调现实主义的文艺观因在写实上的一致而合流为一了。合流后的发展，就是众所周知的被政治所束缚远离了艺术之途。但自1979年以来，对现实主义的校正，使写实在一种新的意义上被肯定。事实上，历史走了一个大弯后，又回到了“五四”时期对写实崇尚的起点上，即作为对传统绘画文化逃避现实批判的意义上获得新的生命。从这个角度上，中国写实绘画不会因为新潮美术的崛起而衰落，恰恰相反，它肩负与新潮同样的历史重任而前途远大。因此，我极力赞同艾轩及所有在写实道路上探索的画家们。（栗宪庭）

在乡土写实主义的青年画家群中，艾轩走出了一条与众不同的新路。艾轩风格的最大特点是“借景抒怀“。他画西藏高原景色和孤独的人物，主要是抒发自己内心世界的感情。因此，他的作品与其说是西藏风情画，毋宁说是他内心的独白。那么，在这一幅幅画中，

艾轩 荒原三月 110×110 布面油画 2006

艾轩 从狼谷那边来的孩子 90×80 布面油画 1990

都有艾轩的影子。沉默无语和静静思考，无名的孤独渗透在画中人物的形象和画面整个气氛之中。独自一人在一望无际的草地、雪野、荒原，他（她）们生活在与大自然皆要避开观众的视线。在极少的情况之下面对观众的形象（如《无际原野》《山花》）也用冷漠和陌生的眼光，静观这与他（她）们有隔立刻阂的世界。艾轩在写实的物象中寄托了自己的思绪和感情，他用借景写情的方法，创造出一幅幅情景交融的、有意境的画面。艾轩风格的另一特点是他巧妙地把孤寂的抒情性与少许的神秘感美妙地结合了起来。本来，孤独本身即会有某种神秘性，在浩瀚的荒原中孤独，其神秘的意味就更浓。但作者始终不忽视人和自然景色的优美。即使采少奇特构图（如《说不清明天的风》）加强画面不平凡的效果，作者也不忘记给观众以审美的满足。所以，艾轩是用美的魅力把观众带进那有宗教情绪和神秘气氛的艺术世界里的。他的画有象征的意念（如《也许天还是那样蓝》《说不清明天的风》《歌声渐远》），但运用的是“点到为止“的含蓄手法，似弦上之箭，引而不发，其征服力和感染力似更为强烈。艾轩风格中还有一点值得特别提起的，那就是他绘画语言的洗炼与精致，这种绘画语言的求得，既与制作的技术有关，又不会是制作的技术问题。他把粗俗的生活往“雅”里画，精心安排，着意推敲。轮廓线的分明，外轮廓的大效果，和由此形成的空间分割，轮廓内的微妙关系（质地感、色调的变化等），这都使他迷恋和陶醉。但他处理得很谨慎和有分寸，既保有来自生活的感受，又赋予理性的秩序。当然，他尽量避免“做”的痕迹。（邵大箴）

艾轩 荒谷（局部）80×80 布面油画 2007

艾轩 天涯浪子 50×60 布面油画 2007

[部分成交记录]

圣山	190×220	RMB20720000	北京保利
陌生人	130×110	RMB11500000	北京传是
人在远方	150×130	HKD12040000	香港蘇富比
野风	71×89	RMB8800000	中鼎国际
秋风掠过荒原	130×130	RMB8280000	北京保利
穿越狼谷	160×130	RMB6832000	北京保利
风从安曲吹过	130×130	RMB6670000	华艺国际
荒原的黎明	110×110	RMB5980000	北京保利
安曲河谷	110×110	RMB5750000	北京保利
风暴远去	100×80	RMB5520000	北京艺融
远方飘来陌生的歌	110×110	RMB5376000	中鼎国际
冻土带	99.7×80	HKD6750000	佳士得香港
冬日默默的脚步	90×90	RMB5290000	北京保利
深秋的荒原	130×130	RMB5040000	北京翰海
静待	100×100	RMB4945000	北京艺融
悄悄告诉你	73.3×74	HKD5780000	佳士得香港
荒原	100×100	RMB4830000	北京保利

何多苓

[市场数据]
目前上拍件数：430件
目前成交比率：77%
目前总成交额：22848万
目前均价：30万/尺
单件最高拍价：1380万
最高纪录作品：《乌鸦是美丽的》
上拍机构：上海荣宝
上拍时间：2012.6.16

[凤池观察]
潇洒是何多先生特有的魅力，性情是艺术家葆有的财富，也许在老何多的眼里，一张画能值多少大元根本不是什么重要的事情，重要的是，我要玩的爽！

[画人妙语]
我的画就是要让人看到以后有邪念 人体画这么多年，从古典到现在，所有的批评家都力图说明一点：人体画是美的，不是色情的，是要升华人的感情，不是邪恶的东西。我反对这个说法，我说我的画就是要让人看到以后有邪念，如果他没产生邪念，我就觉得很失败。首先我不承认这是邪念，我认为这是正当的健康的欲望，是对对象的尊重。如果我看到她的身体毫无反应，她会非常难受。现在很多人非常暴露地画性，我的画法不是很暴露，而是很含蓄，但还是包含色情的成分，我绝对不回避这个。要说人体不色情，要要求一个观众在看人体画时不带邪念，这不公正，也是做不到的。你看安格尔的那幅《泉》，当时的人看到绝对是受不了的，那是非常美的人体画，非常色情，当时看它，就像今天看三级片一样。那有什么了不起？我觉得非常正常。中国首届人体画展，买票的人据说排了1公里长的队。为什么那么感兴趣？那么多裸体摆在那里让你去看，就连从来不关心美术的人都去了。为什么去？就是去看人体，看那些具体的部位！我觉得人体画不是邪恶的，男人看女人的色情的眼光也不是一种邪恶，而是对女人的尊重。

市场 现在不光是年轻艺术家，年轻艺术家面对的问题更大，即使是一些成功的艺术家，或者说是一直在做艺术的人

何多苓 女人与村庄（局部）布面油画 1993
何多苓 山上的女人 91×112.5 布面油画 1993

都是这样，受到商业的影响是很强的。我觉得他们的姿态是积极的，积极去面对。四川美院是比较能够自由发挥的土壤，年轻人要学会怎么做人、怎么适应市场、怎么打开局面，现在的说法是情商比智商还要重要。光画得好是不行的，在我们那个时代你画得好就行了，现在不行，你还得混得好。人的性格也是各种各样的，有一些外向型的就很容易打开局面，但是一些很内向的画家，虽然画得好，但是要打开局面就困难一些。他们都面临这个问题，所以我经常说："其实我一点都不羡慕你们，我觉得我当时所处的时代最好"。我们那时候单纯的画画就可以了，现在却要花很多精力去考虑市场，很累，很不容易。但是我觉得市场经济是必然趋势，因为艺术是国民经济中微不足道的一面，虽然反映得很强烈，但是它并不关系国计民生，它只是一个反映。现在的状况至少说明我们处于一个太平盛世，艺术非常繁荣，艺术市场非常繁荣，虽然这个繁荣里面还是有泡沫、有假象……但是不管如何，对于青年艺术家这是一个现实，这现实就是您进入或者不进入，你失败或者成功，而你不进入就意味着失败。不像我们，可以单纯的画画，因为没有别的事可做。我也没想到画画是可以卖钱的，从来没有想到，但现在画确实在全世界都是商品。

[专家说法]

他艺术风格的独特之处表现于题材内容，又体现于形式语言。在题材内容上，他不像罗中立、程丛林等人那样，从批判的角度选取现实生活的题材；也不像一些新潮流艺术家那样，沉缅于荒诞怪异的想象场面，冷静地描绘他钟情的少女，用温情的笔勾划出她们的美和魅力，但安排在近乎超现实的环境之中，组成令人陶醉、但又令人深思甚至惊恐的气氛。这些作品是抒情的，但又是哀伤的。何多苓的绘画形式语言也是与四川其他画家不一样的。作为油画家，他的造型功力坚实而全面，人物、景象在他的笔下显得很有生命。而且，更重要的是，他在形式语言上所达到的单纯感与中国传统的水墨画有相通之处。就画面整体的单纯感而言，它表现出一种较为超越的精神境界和艺术理想。他在单纯中求细致和复杂的手法得之于中国传统艺术之启发。（邵大箴）

何多苓是一位中国现代绘画艺术中不可多得的抒情画家，不仅如此，他的抒情意味总是在一种十分纯粹的精神氛围中进行的。但值得注意的是，何多苓的抒情艺术和由此而来的纯粹品质，始终都包含着一位现代艺术家的精神气质。从当年他描写西南乡村生活的作品《春风已经苏醒》等，到20世纪80年代后期的艺术创作，尽管他的艺术有着由明晰转向深邃，从写实主义倾向转向超验的幻想，但何多苓绘画艺术的整体精神气质肯定是守恒的。甚至可以说，从何多苓的任何一幅作品，我们都能够看到他那种独特的忧郁的眼神。何多苓正是一直按照这样的方式来观察世界的，也是按照这样的方式来表现世界的。所以，他的作品总是呈现出忧伤的神秘品质；所以，即使是他创作的一些单纯的人体、肖像画，也会显露出瑰丽和神秘的因素来。九十年代以后，他常常打破原有的时空环境，随心所欲地调控中国传统文化图像，企图造就一种迷离恍惚的境界，但他的作品依然无法更移地保持着何多苓所特有的清澈、婉转、凄凉的视觉意味。（邱正伦）

何多苓的绘画看似单薄，其实细腻，有着丰富的色阶和颇令人玩味的手艺技巧。从《春风已经苏醒》《青春》《小翟》，到现在的《躺着的女孩》、《舞者》等，他的作品始终给人轻风拂面的感觉，不激荡，却能丝丝的扣动人心。自20世纪八十年代以来，何多苓的名字就与中国当代艺术的进程联系在一起，也如

何多苓 失乐园 120×150 布面油画 2009
何多苓 女青年肖像 79×55 布面油画 1984

他的画作从没有出现过鲜亮刺目的色彩一样，他没有大红大紫过，也没有在历次的艺术浪潮中被推上峰口浪尖，但他一直屹立在那里——在种种风潮袭临时，他那略显清瘦的身影，有些柔弱，实则是刚性、峻拔的。（周爱民）

何多苓不想面对一个集体，也不想只面对自己，他选择了与另一个人面对面的旅程，在一对一的关系中，观看这个人的脸和身体，体现他（她）在画面上的形象表面和深度。何多苓是有机会成为塑造一个民族或者集体形象的代言画家的，在20世纪80年代初，他在当代艺术史中留下了第一个形象《春风已经苏醒》，这个形象被选为伤痕美术的代表。但何多苓对这幅画的解释似乎与后来艺术史和艺术批评的评价重心相去甚远，他承认画得很细，画面类似于怀斯的风格，但他后来一再强调，更重要的是，这幅画的"情调是抒情的、诗意的、神秘主义的、不可知的。（朱其）

何多苓 夜奔（局部） 布面油画 2007

何多苓 彝族姐妹 88×73 布面油画 1995

[部分成交记录]

乌鸦是美丽的	89.9×70	RMB13800000	荣宝斋(上海)
窗前的女人	100×80	RMB7130000	荣宝斋(上海)
海滩	117×96	RMB6900000	北京诚轩
空间	195×130	RMB5750000	北京艺融
小绿人	150×120	RMB4600000	北京传是
青春2007	160×360	RMB4427500	上海泓盛
小翟和龙舌兰	180×130	RMB4088000	北京翰海
舞	98×117	RMB3136000	上海恒利
方兰21岁	180×130	RMB2415000	北京翰海
向树走去	98×117	RMB2310000	北京保利
依窗的女人	100×80	RMB1955000	北京保利
戴圆帽的女人	68×106	RMB1955000	北京保利
白马与女人	94×117	RMB1897500	北京翰海
午后	92×78	RMB1840000	中国嘉德
夜奔	150×120	RMB1680000	北京翰海
窗前	120×99	RMB1680000	北京翰海
落叶	150×120	RMB1680000	北京保利

罗中立

[市场数据]
目前上拍件数：980件
目前成交比率：80%
目前总成交额：61300万
目前均价：20万/尺
单件最高拍价：1760万
最高纪录作品：《过河》
上拍机构：北京嘉宝
上拍时间：2007.11.3

[凤池观察]
罗中立先生的艺术明显地有两个效应：一个是毫无疑问进美术史，一个是直接链接买家的腰包。从1994年中国油画有了拍场以来，罗中立画作一直是各路买家所关注所争夺的热点，单件过百万屡屡可见，千万，也早已成其过去的记录了，相信他的作品还要领跑市场N年。

[画人妙语]
农民 农民是这个国家最大的主体，他们的命运实际上是这个民族和这个国家的命运。

干活 只要我的灯亮着，应该说全校的师生都会知道，罗中立还在干活。

[专家说法]
当我们面对要画的人，一旦有某种可以感应到的精神信息出现，那么他就不只是供我们写生训练技巧的模特。这时通过视觉感受到的应该是社会、是文化、是精神心理、是生命状态……这一切都将簇拥在你的笔端，任何你所掌握的知识与技巧都会极敏锐地解释图象的意义，直到使你的绘画挣脱自然因素的羁绊，拥抱生发于心底的"感言"，这样属于艺术的图象便已出现。(林明哲)

罗中立的名字是镌刻在中国当代艺术史上的。其《父亲》，那张老实巴交的农民面庞，悬在现当代中国的屏幕之上成为最动人、最有代表性的视觉形象之一。(许江)

20世纪80年代中期之后直到最近，罗中立的画越来越偏离宏大的场面和庄重的气氛，趋向随意性、荒诞性，似乎从民间生活中得到的艺术灵感被更珍贵地保留了下来，不作艺术的修饰，不作理想化的处理，我把这种描绘称之为"赤裸裸地描绘生活的真实"。(王林)

作为一个一画成名的画家，他没有重复自己被社会认可的符号去博得市场。他尊重一个艺术家的真实情感、济世情怀，从作品创作出发，艺术表现上也相应地改弦易辙，追求更合适表现的方法来表达自己的情感。一个艺术家做到这一点，即便作品未尽完善，那他的人格也是顶天立地的。这才是"但以文艺以人传，勿以人以文艺传"。(王平)

罗中立的画是给人以艺术享受的，虽然他笔下的人物显得有些"笨"和"丑"。罗中立偏爱画"笨"和"丑"的人物，主要是出自他对农民的尊重和爱。正是他爱得太深沉了，以至于他的审美感发生了变化。他不仅看到农民内心的善良、质朴和美，连他（她）们的外形在他的心目中，也是很美的了。他不顾世俗偏见，把那些长期以来被文人雅士们看不惯的又粗又黑又笨又脏的农民描绘出来，使人们去尊重和热爱这些人物，尊重和热爱这种笨、拙、丑中所包含的美。(邵大箴)

罗中立作品中带有原始性并试图表现乡土人情味中内在的、人的本质，爱和欲望，或那种十分朴实的、冲动的东西。(高名潞)

选罗中立当中国当代艺术院院长是众望所归。1980年因《父亲》扬名的罗中立，已经在四川美院当了8年院长。无论是当代艺术的创作还是研究，四川美术学院一直冲在前头，罗中立前两年更是将F4集体聘为四川美院客座教授。除了院长，罗中立还是中国美术家协会副主席，本身就是体制内的领导。而对这些艺术家而言，罗中立成名最早，是当之不愧的老大哥。当年，他和张晓刚、叶

罗中立 父亲 215×150 布面油画 1980

永青、周春芽都是四川美院77、78级的学生，生于1948年的罗中立，一直被这些50后叫作“罗哥”。罗中立再次成为“带头大哥”，也就相当自然了。(盛文)

罗中立是中国当代绘画史上乡土题材的领军人物，立足于本土绘画内容的重要代表性艺术家，以表现四川农民生活的作品著名，他曾被评价为“中国的米勒”。罗中立在八十年代初掀起旋风给中国文艺界以巨大的震动，其结果不只是在美术领域出现了“乡土画派”，而且带动了文学、戏剧、电影等艺术创作的变革。(上海泓盛)

罗中立是乡村与城市的沟通者，他为我们敞开了至今仍然封闭而不为人知的另一种社会生态景观。透过罗中立作品所反映出的乡村与城市的巨大的文化与物质差异，我们在平淡的日常生活中，突然感受到一种巨大的时空错位，山民生活的极度原始、生动和强烈，都使我们对自身习以为常的城市生活产生一种新的眼光。(殷双喜)

十年前，罗中立关注的重点主要是祖祖辈辈农民的命运，带有社会反思的意向，他用画为农民呐喊、呼吁。十年后艺术家主要是在真切地留恋、咀嚼、回味农业文明所拥有的种种宝贵东西，是在欣赏、赞美民风、民俗、民性，从而向当代文明的种种缺失再次敲响了警世之钟。(陈孝信)

罗中立艺术中最重要的是艺术家与农民的关系。在中国，艺术家与农民至今仍然是一个难以分割的整体，当近代中国社会由农业文明转向工业文明的时候，差不多中国老一代艺术家均来自农村。他们与农民的血缘宗亲关系密不可分，然而他们几乎没有一个人钟情于中国农民，几乎没有一个人认真地从艺术角度想过农民，想过农民与中国社会和历史的关系。罗中立则例外，他的例外并非艺术家企图有意地去深思中国农民的种种问题，并揭示这些问题背后的深刻社会背景。艺术家不是社会学家，他无能力，也不愿意去判断，认识这些复杂又深邃的问题，他仅从情感角度认识农民和表现农民，一切都自然而然地开始，自然而然地形成今天罗中立的艺术与中国农民的特殊关系。(北京翰海)

罗中立将自身对历史记忆的追寻与对大巴山的怀念，演变为对原始生命的尊重和个体生存意识的拷问，将早期唯美的、镜像式的表现手法，转化为用拙笨

的线条、参差错杂的笔触，用那些敦实粗矮的人体和俗得不能再俗的桃红、粉绿去描绘农村生活中一种原始的生存景观。生活的悖理和存在的别扭，生命的强悍和荒唐的习惯，这一切构成了一幅幅山野味极浓但又十分怪诞的民俗画。（北京传是）

罗中立是中国当代“伤痕美术”思潮的重要代表画家。如果说，70年代末由文学而起的“伤痕”思潮，最初是以展示创作对文化革命时期生活进行回顾、批判和思考的话，那么80年代初罗中立的《父亲》等作品，则以塑造真实可信的人物形象表现了对生活处境艰难的普通人，尤其是农民的深切同情。这种人道主义精神的注入，使得其作品更具发人深省的力量，从而引起社会极大的回声。（上海天衡）

随着时间的推移，我们已经能够从他的作品中感受到属于他自己的个人风格——刺激的色彩、交错的笔触、一种看似粗犷、却饱含着细腻情感的书写方式。他的独特书写方式，应该看作是他过去和现在与农民接触所产生的体验，

罗中立 喝水 41×56 布面油画 2003

罗中立 绣花女孩 75×50 布面油画 1984

造就了他最初选择描绘这些朴实的农民形象和他们平凡生活的直接原因，但更为关键的是潜藏在情感因素背后的、更深层次的人文关怀和现实主义精神。（上海800）

罗中立不只是一个“乡土画家”，而是一个使用不同地域文化资源，来表现都市知识份子对当代生活的现实态度和价值观念的当代艺术家。（北京九歌）

20世纪八十年代的罗中立是中国画坛的一面旗帜，他早期的巨幅超级写实主义作品《父亲》以纪念碑式的宏伟构图，饱含深情地刻画出了中国农民的典型形象，并深深地打动了无数中国人的心。其具有强烈乡土风味的写实主义也影响了以后国内的美术创作潮流。罗中立属于真正真实记录纯正乡村生活的画家，他的艺术正如文学大师托尔斯泰的文学作品之于俄国一样，是反映当代中国农村社会生活的一面清晰可鉴的镜子。（北京匡时）

罗中立 裸女（局部） 布面油画 1992

罗中立 比利时列日古镇 52×38 布面油画

[部分成交记录]

过河	200×160	RMB17600000	北京嘉宝
金钱豹	160×200	HKD12647500	香港蘇富比
雷阵雨	135×200	RMB8625000	上海泓盛
浴女	95×130	RMB7700000	北京嘉宝
放风筝	119×96	RMB6670000	上海天衡
晚归系列-拥抱	160×200	RMB6670000	北京翰海
晚归	119.2×160.1	RMB6496000	中国嘉德
年终	186×121	HKD6823500	香港蘇富比
巴山夜雨-急诊	160×200	RMB5936000	北京翰海
过河系列	160×200	RMB5520000	上海泓盛
浴女	95×120	RMB5520000	南京经典
母子	118.5×160	RMB5520000	中国嘉德
拥抱系列	200×160	RMB5290000	上海泓盛
穿针	135×92	RMB5175000	北京保利
祈	127×87.5	RMB5060000	北京诚轩
雷阵雨	135×200	RMB5040000	北京保利
影子	160×200	NTD24000000	罗芙奥

王怀庆

[市场数据]

目前上拍件数：145件

目前成交比率：85%

目前总成交额：32900亿

目前均价：40万/尺

单件最高拍价：2800万

最高纪录作品：《没家的家具》（四联）

上拍机构：中国嘉德

上拍时间：2008.4.28

[凤池观察]

好像，在○八、○九那当儿，当代艺术疯狂火爆之时，怀庆先生没曾动摇；后来，红色经典炙手可热，先生更不曾涉入；如今学院传统独领市场，先生还无动于衷，不知身怀绝技的高手是不是都有这样的意识——一味走别人的路，必将堵死自己的路。先生有此风度，有此风骨！

[画人妙语]

关于故园 “故园”含义三解，有趣有义。可大可小，大到精神的栖息地，小到游玩的园林。但我想不必切割的太清。如果说1986年“故园”一画的产生，是当时处境心境及多年学养与艺术追求，对身在其中的历史空间，生命空间，思想空间的直接和突发的表述，那么1989年，我从美回国后，又一次放大“故园”一画，就决非是“再画一遍”和简单“拷贝”的行为了。因为此时此刻，我已分明地理性地感到，“故园”对我是一条“路”——一条可以对自身文化价值与意义追寻的路，一条可以对中国历史与现状参与的路，一条不同于其他种群文化并可沿展的路，也是符合自己天性和意趣可以大干特干的路。“故园”创作于出国之前，从“木”上讲，是自发的，是“土产”的，而“故园”的壮大与再生发是在出国之后，是激发的，是比较之后的。也是走回“园”之后的，两幅“故园”虽无大异，但心境已大不同：第一幅是摸石头过河，第二幅是走进河里摸石头。

[专家说法]

王怀庆起先注视绍兴民居木梁木柱的构架，由于白墙的衬托，那构架纵横穿插，倾斜支撑，充分展示了力度的强劲，并自成宇宙一统。由此前进，他又爱上了明式家具，桌、椅、板凳……结构更为精密，每件出色的家具不止是一件完美的艺术品，更是一家之主，一国之主，他于此看到“大明风度”（他的　幅作品）。然而他并非为家具而迷恋家具，或拜倒于文物的石榴裙下，他动手拆毁精确的大

王怀庆 五千岁 350×300 布面油画 2003

王怀庆 行 112×145 布面油画 2003

匠之构建，他看明白了构建之为构建，自己要重新构建了，他以童心发展民族的传统，孩子敢于以积木构建大厦。西方的克莱因(Kline)、苏拉日(Soulages)等不少画家均在揣摩，吸取我国画法的黑白构架，而王怀庆的构架不只是单一的形式规范，因民族的魂魄，石涛的心眼，都启示了王怀庆探索的方向。我对其作品的感受或联想未必是作者的暗示，作者竭力发挥"黑"之威慑力，强调黑与白的交织，推敲肌理的铺垫，经营无声有序的生存空间，以孕育童心。(吴冠中)

怀庆在90年代初期创作了一系列杰出的"古民居"绘画，这些作品把纯属于中国的视觉世界与抽象艺术作了结合，让西方的艺术界有了渠道去了解与认识他的作品。然而王怀庆坚持他的作品风格是根植于中国文化，并且在近代中国历史的洪流中，对自己身为中国画家的坚持与执着相当的有自觉。我想，下列三项事物激发了他：他对传统中国以及中国与现代世界关系的认知；他本身对生命的记忆；还有他对作画本质秩序的追寻。正是展现在画作中这一种"人"的自觉（这同时包含了怀庆的本性与他的中国认同），以及他那股从躁动世界里创造出诗一般秩序的力量，使怀庆的画是如此地令人深深所激赏。（麦克·苏立also）

王怀庆走的是一条极高明而又中庸的路。在平面处理中见出空间的深度，在具象表现中见出抽象精神，在感性错觉中见出理性的原则，在西方的表现技巧中见出东方的文化内涵。正如王怀庆用的虽然是西方的工具材料，但他的作品所显现出来的却完全是东方的趣味、东方的气质、东方的情调、乃至东方的"风度"，因为他是从东方文化环境中成长起来的一位既具有世界眼光，又具有东方本色的本土画家。（贾方舟）

这位"把传统当作自己的母亲"艺术行者，"不想颠覆什么"。——其实颠覆了很多，而且是一个回旋式双层颠覆，在艺术的本质探索上作为一个艺术家的文化传统回归，回归故园必有出园之举在先，表面上看，可以把这个行程勾勒为"写实传统绘画-现代抽象绘画-中国抽象绘画-无中无西的物体集合艺术"，世人对此多有定论，强调王怀庆特殊的抽象成就。王怀庆由中国的物质对象，即园林廊柱的结构和古式家具，特别是椅子结构形成一种抽象的空间分割，用空间的结构布置和材料意味的反复对应。抽象的对象来自于故园，也就是中国的物象，无论是梁柱结构、明代家具，还是日常生活中的噼剥干裂的柴扉木块，所有这些意象体现展览的主题——"重回故园"。这就是上文所说的外在的一个家乡，一个故乡，一个实物、图像和空间的实际存在。但是着重强调最关键的"王怀式创造"，那就是艺术家将这种结构逐步的趋向于书法的意味。"王怀式创造"是引入留白(与蒙德里安的方向相反，蒙德里安使用黑色线条分割空间制造结构。这种空间分割是康定斯基抽象艺术的概念，是包豪斯以后人类在艺术史上意识到抽象是一个脱离了直接摄取对象的美感而人为的创造美感的新时代之后的自觉性的体现）。即实体黑道

之间的空间部分，形成的布白，带起气息的流动，是上文所说的内在的一个生发于斯萦绕于心的想象的存在，从而由物象的抽象逐步趋向于书法的抽象，也就是说，已经逐步进入第三种抽象 。王怀庆的抽象艺术不同寻常之处是在于他从具体的中国物象结构中抽取出构造和结构，进而将构造和结构赋予了表达和寄托的精神内涵，使之互为灵动地自我对应，布白之处形成流动的气韵，笔画之间形成俯仰的交通，从而使作品具有了写意的性格，又不完全脱离物质肌理的痕迹，在物与心之间，言与图之内，构成了独特的艺术意境，形成第三种抽象的一个范例。（朱青生）

王怀庆 房中房-韩熙载之床-夜宴图系列之三 200×300 布面油画 2002

王怀庆 白墙衬托的立木四根 117×80 布面油画 1990

[部分成交记录]

没家的家具	200×480	RMB28000000	中国嘉德
四合	300×300	RMB23520000	北京保利
金石为开	200×480	USD2726174	罗芙奥
房中房	200×300	HKD12013520	罗芙奥
相对有声	130×144	RMB9200000	北京诚轩
飞天	200×363	USD1338226	罗芙奥
椅子和椅子	131×146	HKD9620000	香港蘇富比
琴桌	165×200	HKD10185567	罗芙奥
三双半筷子	150×150	USD1051385	台北中诚
像似椅子	200×135	HKD7600000	佳士得香港
自己和自己的影子	143×110	HKD7047500	佳士得香港
镜中的椅子	131×143.5	HKD6487500	佳士得香港
玉壶春瓶	200×150	HKD7047500	佳士得香港
直角	130×145	RMB6210000	北京保利
人的巢	144×111	HKD7220000	香港蘇富比
裂开的黑	112×145	RMB5750000	北京诚轩

陈衍宁

[市场数据]

目前上拍件数：648件

目前成交比率：75%

目前总成交额：22000万

目前均价：30万/尺

单件最高拍价：1012万

最高纪录作品：《毛主席视察广东农村》

上拍机构：中国嘉德

上拍时间：2005.11.4

[凤池观察]

同志们对陈衍宁的画，不仅仅就为了欣赏他高超的技法和唯美的意境，还对中国本土画家第一个单幅冲破千万的骄绩，兴趣盎然。

[画人妙语]

气势 有位气功专家说他的武功用“意”取人，与美术很有共同之处。功夫倒可用“意”画画，自然便有气势，这本来就不玄虚。我觉得美术本身是给人看的，不是给人听的，靠讲不成，要靠形象说话。不要把它说得太神，否则贻误

陈衍宁 远去的风华 151×102 布面油画 2008

陈衍宁 今夕是何年 177.5×117 布面油画 2009

初学者。不要否认其有“手艺”之一面，拳不离手，曲不离口，画画亦然。但也不要否认美术理论的科学性，应该科学性地发现规律总结规律从而发展它。

正视 绘画过多表现文学性容易不感人，这是思维方法的问题。过去受情节性绘画影响较深，情节性绘画有可取之处，但不是唯一的。从小养成凡构图必须表现一个文学性主题，画面包罗甚丰，某种造型因素必代表某种思想，如空间的深远表示理想等往往容易夸大了美术的艺术容量；而马蒂斯所说赏画要达到的“安乐椅作用”又是另一极端。因此，我觉得必须正视美术这个艺术种类的艺术容量。美术是用视觉形象感染人、教育人，任何扩大或缩小美术的艺术容量都是不适合的。

[专家说法]

陈衍宁出色的画作就是这种融合的杰出典范。他的作品不管其题材是取自于他的故乡中国还是他目前侨居的西方，都拓现出一片真正超出文化疆界的跨越空间的视野。他的作品在欧美已受到热烈欢迎。在那里，他作为一名画室艺术家和我们这个时代最为成功的肖像画家之一而享有盛名。他出国以后不断获得的成就，其意义已远远超出在大洋两岸架设一座美术之桥。他在各地举办画展，作品广为重要的公众和私人收藏，他荣获不少奖项——这一切已使他稳稳立足于国际美术界。现在，陈的画作不单在其故乡中国，而且在中国香港、新加坡、澳大利亚、日本、巴西、前苏联、前南斯拉夫、法国、加拿大、英国和美国，都颇为知名且备受赞誉。(丹尼斯.韦曼)

陈衍宁的名字早在20世纪七十年代就为中国画界所熟知。他的作品不断在全国美展上出现，而在1974年的全国美展上，他的油画作品《渔港新医》则得到画界的普遍好评。那时，人们已经注意到，陈衍宁是位多面手，他主攻油画，也画水墨和连环画。他有很全面的写实造型能力，也有一双观察敏锐而细致的眼睛，他善于在平凡的事物中发现美。他有纯真的心灵和精湛的构思能力，能巧妙地将生活现象提炼为感人的艺术形象。我认为《渔港新医》是他的成名之作。这幅是在中国油画界有影响的作品，后来被中国美术家协会作为展品之一送往法国春季沙龙展出，也受到法国画界的注意。四十年代出生的陈衍宁，作为当代中国第四代画家的代表人物之一，在七十年代中期

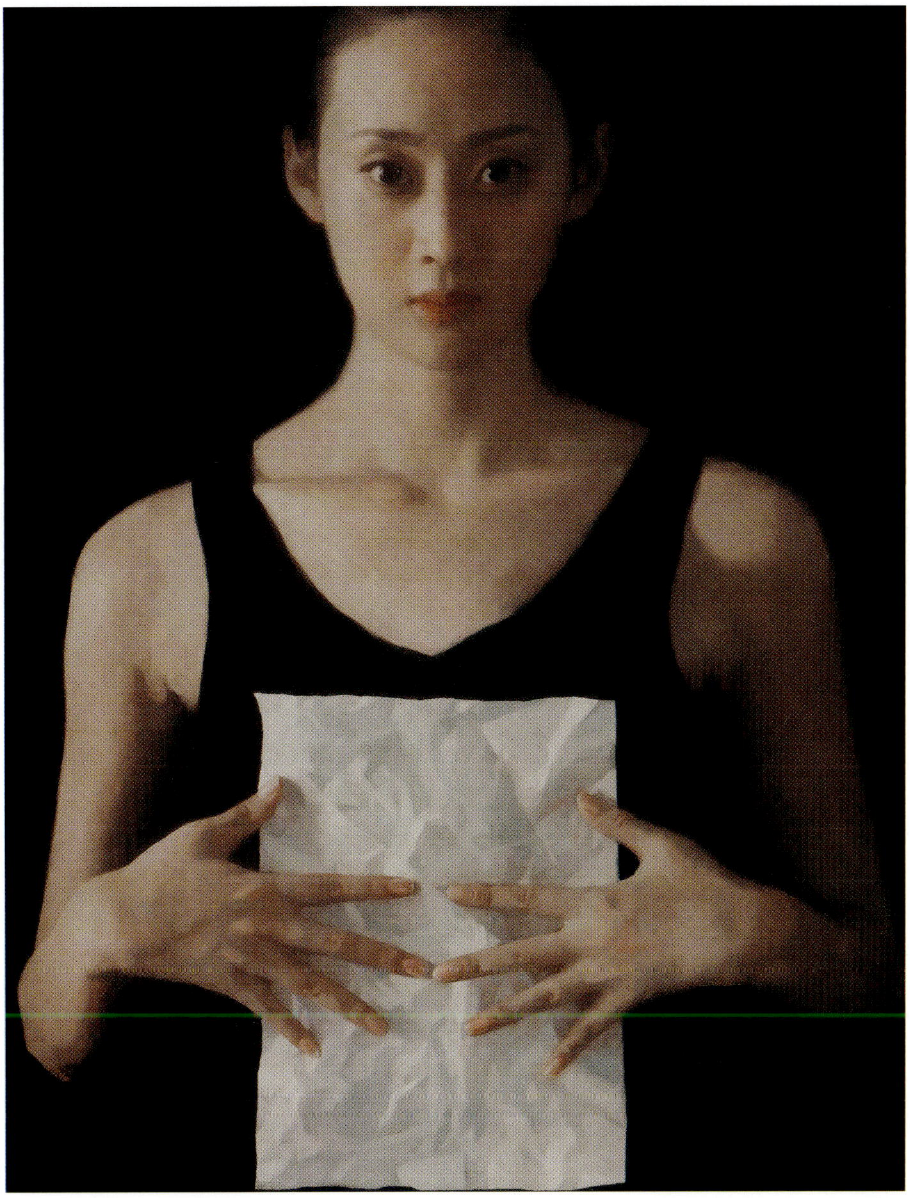

崛起，成为这一代艺术家中的佼佼者。时代赋予这一代画家的使命，是继续完善中国写实油画艺术，把西方古典油画语言的精神和技巧全面地吸收过来，使之在中国的土壤上茁壮成长。因为二十世纪中国经历了太多的战争和苦难，一代代艺术家的理想遭到无情的挫折和毁灭。以徐悲鸿、林风眠为代表的第一代人因没有实现创作油画的鸿篇巨制而抱憾终生；以董希文、王式廓为代表的第二代油画家的艺术才智也没有得到充分的发挥；第三代油画家丧失了最可贵的十年，在文革之后他们意气风发地急起直追，但已有创作精力和革新锐气开始消灭之迹象。时代呼唤第四代和第五代人的出现。陈衍宁、陈逸飞、陈丹青、程丛林、罗中立等一代新人应运而出，为中国油画界增添了无限生机。(邵大箴)

[部分成交记录]

毛主席视察广东农村	172.5×294.5	RMB10120000	中国嘉德
新浪	178×130	RMB6440000	北京保利
大红灯笼	157×159	RMB6270000	中鼎国际
华灯	173×152	RMB5980000	北京保利
西窗声动	147.5×148	MB5865000	中国嘉德
暗香盈袖	122×202	RMB4704000	中国嘉德
远山的风采	147.5×127	RMB4600000	中国嘉德
等待蓝天	147×81	RMB4256000	北京荣宝
夏至	122×203	RMB4140000	中国嘉德
日正午	120×127	RMB4032000	中国嘉德
清露晨流	122×203	RMB3795000	中国嘉德
远去的风华	151×101	RMB3584000	北京保利
红状	163×126	RMB3500000	中鼎国际
邀月图	142×203	RMB3450000	中国嘉德
春宵	127×122	RMB3300000	北京华辰
今夕是何年	177.5×117	RMB3220000	中国嘉德

陈衍宁 璐 66×76 布面油画 2001

陈衍宁 无垢(局部) 布面油画 2010

中国名家·具象油画实力派人物

崔小冬

【凤池观察】南小冬，北小东，画家圈里总爱把这两小dong放一起说事，譬如许先生。诚然两小dong都生于辽宁锦州，年龄也只相差一岁，在艺术面貌上几分相近以外，于市场表现的轨迹上也几近相同，只是刘公小东早时入市，推手得力，又能恰时御风，把握机遇，影响颇为震耳；崔公小冬多在画室奋为，重于精研，淡于宣传，有大器晚成之志，虽则二dong差不多同一时期闻名于道，但在沸腾的市场中，终究刘小东以多件过千万，百十件过百万的撼人骄绩，世面声响更为巨大，实际上，南小冬在艺术上的造诣一点不亚于北小东。如果要说刘小东对弗氏的特色有着深入的理解与表达，那崔小冬对整个欧洲具象大师的法艺都有深透的进出，不但表现技法精湛，而且能做到具心化为，着意时代的精神意趣，所出之作得形得意，唯象唯美，小件玲珑，巨制磅礴，娱目而又赏心。如果说刘小东在市场上先得辉煌，那么崔小冬的后市空间则更为广阔，升值空间更为宏大，无论是前期购入，还是后期跟进的藏买家，都会因为持着崔小冬这支绩优股而有大收获，3到5倍的升值一定不在话下——这位“六〇十杰”将来不论在艺术修为上还是在市场表现上都会是一个十足的不俗分子，“大家·崔小冬”必然榜上有名——自2010年开始，单件过百万，2百万，3百万，乃至384万，扎实稳健，步步腾升，如此势头，怎能不看好？

品质的传承和推进者

——油画家崔小冬

文/汪涤

20世纪90年代以来，崔小冬一直在中国写实油画领域有着自己独特的地位和影响。这不仅因为他执教中国美术学院油画系的学术身份，更因为比起时下流行的玩世、搞笑类型的写实之作，他的油画更接近西方油画传统的精神。崔小冬十分强调油画语言自身的传统和纯正性，认为油画应该表现出某种与生俱来的高雅格调。虽然在表现题材上他的油画很少有所谓现实主义的关怀，而是多画一些画室场景、女性人体或是静物，然而我们却能够在这些惯常的题材上感受到一种经典、怀旧和高贵之美。这体现了崔小冬对西方写实油画传统的深刻感悟。

在西方，写实油画不仅仅是一种技术，更是一种文化的形式。早在16世纪的时候，它已经建立起自己的规范和观察方式，在17世纪的时候也就是巴洛克艺术时代，油画的语言已经高度成熟。直到19世纪末现代艺术兴起以及照相、电影等视觉形式出现之前，油画始终是占据着主导地位的视觉文化表达方式。油画有别于其他绘画形式的地方，在于它能表现所绘物品的质感、纹理、光泽和结实的感觉。它能借助画中物体的色彩、肌理和温度充塞画中的空间，暗示性地充塞整个世界。这些特性使得油画能够引起人们非凡的幻觉，从而感到对画中物件的一种实在的拥有感。也许并非偶然，西方写实油画的发展黄金期——公元1500年到1900年和西方资产阶级崛起和发展几乎是同步的。之所以如此是因为，写实油画让那些富有的资产者感觉到对世界实在的把握，对自己财产、身份及地位的确认。这就是写实油画在西方历史上的社会地位和功能，也是其存在的主要理由。尽管今天随着大众文化的兴起，摄影、电影、广告等已经代替油画成为西方社会中最流行的视觉形式，但是写实油画依然有其不可替代的独特地位。因为其历史渊源以及欣赏、收藏者的阶层，它更具有文化遗产的权威性、经典性，象征着一种持久、稳定和尊贵的物质和精神的生活方式。

崔小冬深谙西方油画的文化传统，他强调油画语言自身的纯粹性和文化品位，反对割裂传统的无端创新。他在绘画上注重学习和吸收借鉴巴洛克艺术的语言，类似伦勃朗绘画中简洁但是厚重、沉稳的色彩让他着迷，委拉斯贵支绘画中明快、跃动的笔触以及生动、准确的造型让他反复揣摩。在西方美术史中，巴洛克油画可称之西方油画技法上的一个高峰，比之于强调理性、均衡的文艺复兴绘画，巴洛克绘画更强调色彩和笔法的表现力，更追求生动活泼的视觉效果。同时巴洛克绘画也更能体现当时欧洲精英阶层的那种自信、乐观和开拓精神。对于巴洛克语言的吸收使得崔小冬的绘画比之传统学院派更为生动、华丽，更具感性的色彩。10多年前，他开始以一系列表现画室场景的创作得到画坛关注。他画面里的女性或秉烛或低头冥思，在姿态和表情上都显得相当典雅。在色彩的处理上则突出了一种华贵、精致而又不乏灵动的趣味。画家在空间处理追求静谧的氛围，更是凸显了作品高贵的气息。此后崔小冬多次前往油画的故乡欧洲访问、讲学，在切身感受到西方油画经典的震慑后，他并没有像许多人一样怀疑当代中国写实油画的价值，失去信心转攻其他画法甚至艺术媒介。相反，崔小冬却是迎难而上，他更加深入、系统地研究西方油画的语言及其规律。崔小冬的成效是明显的，其油画精湛的写实技巧、纯正的艺术趣味不仅在中国油画界堪称一流，被人们尊称为“画室中画家”，甚至当他在欧洲教学时也让油画故乡的教授、艺术家们折服，惊叹中国竟有对西方油画理解如此到位者。崔小冬用自己的作品证明了艺术的高低不在于什么现代或是传统、东方或是西方、传统媒介或是新兴媒介这些表面化的分类，而在于艺术表现水平自身。

在一定程度上说，油画与中国的遭遇是尴尬的。当一百多年前写实油画传入中国的时候，中国社会十分缺乏像西方那样的油画收藏者和欣赏者。这使得我们更多地不是从油画自身的语言及其文化品位来欣赏油画的，而是从社会进步、科技进步的角度来看待油画的。在中国，油画一开始就承担了现代化的责任，油画技术作为一种科学的手段在为民族复兴和现代化服务。当20世纪80、90年代人们发现油画已经不再是西方最先进的、流行的技术的时候，又纷纷转向装置艺术、影像艺术等新兴媒体。人们似乎认为只有使用新兴技术才是进步的、革命的，而传统技术则代表着落伍。即使是在油画内部，人们也是觉得抽象艺术或者一些风格新奇、怪异之作更能体现现代性。时下“视觉惊艳”、“视觉冲击力”这些词语的流行表明肤浅的感官刺激成为了评价油画的标准，油画内在的品质和涵养被大大忽略了。面对这种局面，一些具有远见卓识的艺术家开始批评艺术界唯“现代”或“后现代”是举而不重视质量的不良倾向。甚至油画界老前辈靳尚谊先生也呼吁，中国油画现在最需要的是水平的提高，而不是怎样变出新花样。

崔小冬的油画以其精粹、纯正的语言，特别是静谧、典雅的意境提醒处在追逐艺术现代化的人们，作为传统媒介的写实油画的价值何在。在体现现代性方面，写实油画确实没有太多长处，但是它可以成为一种经典文化、高雅文化的标志，可以体现一种精神贵族的价值理想。在这方面当今只有中国画可以与之并提，不过由于写实油画深植于西方文化传统，提供了一种中国本土所缺乏的西方理性和自由主义的精神。这种精神正是西方能够率先现代化的思想文化底蕴。再看今日之中国，我们一味追求物质的现代化，而少有在国民素质上下工夫。这不仅是因为失落了中国古典的传统，也因为没有认真学习、消化西方优秀的传统。因此，崔小冬的意义就不仅仅在于他丰富和深化了学院派，更在于他让我们更深入、直接地体认了写实油画背后高贵的精神内涵。

崔小冬在吃透西方写实绘画语言的基础上，并不满足于使自己的作品成为西方写实油画的中国式翻版。他的油画又具有强烈的个性，这就是其浪漫情怀。《遗失的浪漫》系列虽然是单色调的，但是画面中人物飘逸的造型、举止，无奈而

又怅然的表情，都有着丰富的情韵。在人们普遍认为写实油画就是画局部、用小笔触、抠细节的时候，崔小冬展现给我们油画自由自在的一面。这种自在看上去十分随意，然而细细观之，关键的造型、形体都相当准确、概括。特别是他的笔法，灵动而有控制力，挥洒上的自由、畅快让人想起中国画的泼墨淋漓。崔小冬虽然来自东北，但是他大学毕业后曾在桂林任教数年，最近这十几年又生活在风景如画的杭州。这种生活经历想必使他的油画具有了写意的韵味。当然我以为崔小冬更是在自由洒脱的情性方面与中国书法、绘画创作的精神找到了共同点。近几年来，崔小冬的油画从表现单一人物发展为多人物和复杂化的场景。《无眠岁月》《画室》等系列作品的场景虽然仍安排在画室空间里，但是人物众多，姿态各异，在光线、色彩和场景处理上愈加复杂多样，体现出画家驾驭大画面、大空间的高超能力。在情调的把握上，他的作品也更进了一步，画面中的人物多是以美院学生为原型，这些形象的动态悠然，表情沉默，无语的氛围好像在表现年轻人对青春的茫然，更像在追忆某种即将远去的古典感觉。青春、古典和单纯这些最可珍视的内容以一种无语、淡然的整体意境呈现出来，让人又在审美的享受中感叹不已。

许江先生曾形象地称崔小冬为传媒时尚中的“失语者”。相比于现在许多追求画室外操作功夫的画家，崔小冬确实像他画中的人物那样显得有些寂寞和无语。这倒并非不知道外面的诱惑，也不是他没有实力走出画室，而是因为他对写实油画这口深井的自信。这种自信来源于他所受到的良好的学院教育，更来源于他对油画背后人性自由与高贵的一种精神贵族式的矜持。

崔小冬 美术馆的午后 120×150 布面油画 2011

崔小冬 圣詹姆斯公园 60×50 布面油画 2011

“画”室中的画家——崔小冬

文/许江

北京有位刘小东，杭州有位崔小冬，据说二位Xiao Dong是朋友，不同的是，当小东在京城以简明率直的纪实视角，描画现实中国的“进行曲”的时候，小冬却在中国美术学院的画室一隅，磨砺他对古典绘画精神的景仰，演练他那特有的画室中的咏叹调。

从分量谈起

小冬的绘画，有着一种他这一代人所不多见的古典“味”；浓厚的色块、重色的背景、亮艳的肤色，甚至，他所画的对象，常常是除了画家，就是模特儿，一派浓浓的画室景象，一方与社会保持相对距离的画室天地，一系列略带摆姿的画室动态。画室的题材，古典的趣味，所有这些常常易于营造出一种俗艳而又常见的流弊来，而在小冬那里，却十分有效地借取了传统油画的塑造之功，脱尽当下古典风绘画的娇柔之气，以收放有度的刚武用笔，赋予古典味以一种独特的写意酣畅的力度。

小冬个头一点不小，体块颇有点分量，与他谈事，一脸的憨厚，却又时不时地表现出单刀直人的明快和果断。大学时他已经是班上的大个，调皮事没少干，但画上的灵气，尤其早期肖像作业中的敏感，很受老师们的重视。毕业之后，小冬在桂林工作三年，考回母校，跟随张自嶷先生研读硕士学位。正是在这段时间中，小冬在素描上狠下了一番功夫，几乎每天都泡在画室里，使他能够以教室为家。画室既是他的作画空间，也是他生活的现实空间和精神空间。

片断的画面与间歇的追问

在这里，他并不追求绘画的文学性描绘和观念形态的诠释，而是从他的放笔直写的素描研究那里，直面对象本身，强调绘画的“直观呈现”，努力去揭示对象“是其所是”的本真状态。正是这样一种直写，使我们在小冬的画中，分明看到古典绘画的神气，却不露样式化摹仿的痕迹。

小冬作品中的人物之间并没有情节上的联系，却有着一种造型意象上的融通，似乎一个个人物穿透木框，彼此流动，在片断式的缝隙中，追求着一种流动的完满。片断连续的画面成为对古典式庄重华贵的间歇的追问，一种苦心而执迷的造型机巧。这种追问和机巧，隐蔽在被条屏分离的人物里，遮蔽在形色皆全的画面语言中。正是语言的这种遮蔽性，这种貌似完美的遮蔽性质，使作者的本身存在着，没有歇斯底里的夸张，没有自恋自怜的矫情，却以某种瞬间的直写，以视觉的坦诚、以塑造之中的匆匆行笔，来与观者维系起一种富有画家意趣的絮语，并以特有的不事修饰中的修饰，来使这种絮语消除涂鸦滥造与刻板塑造之虞。在这些间歇跃动的遭遇之中。条屏状的空间跨度所演化的现实场景的意义可以被辨识. 却并没有太多的言语，而一个人体或一个肖像在被认识、被描绘、被直写的本身，正是展开有关这个视觉意义的真实所在。这个视觉意义就是以写生的方式来回溯传统，直观对象，澄明自身。

材质的“酷”味

小冬的用笔是值得一提的。他画中的精妙之处常常是既表现了对象的形色，又凸显出油料油色的光彩，二者浑然一体。

小冬的用笔常常表现为不事修饰的修饰，漫不经心的经心。笔拌和着油色，或涂抹、或挥洒、或堆砌、或描述，在具体的塑形之中，笔是隐没在颜色之中。而用笔着色、塑造刻画时，总要留下笔痕笔迹，具体的笔触总在运行之中表现着自身，并在这种与绘画动作和谐一体的对应关系之中带上当下的神情，这种笔神笔情常常超然于所绘对象之外而跃然布上。在小冬的画中，在那些人体和肖像的中调部分往往飞扬起一种颇有几分生猛的笔触和色块，而使得整个画面变得生动而厚实起来。这样一种用笔的机趣，往往包容了画家对形与色的悟性，也包容了画家对材质的颇有些“酷”味的追求，一种对美的辛辣冷峻的迷恋。

有人称小冬是学院派画家，更有人直呼“画室中的画家”。这当然绝不仅指他所画的题材，更重要的是指他所代表的中国学院油画教学模式中有意义、有影响的青年创作心态。这既是对油画创作当下性问题的回应，也是我们所热切关注和提倡的。

崔小冬 南京1937 300×900 布面油画 2008-2009

崔小冬 美丽世界之一(憧憬篇) 160×130 布面油画 2007—2008

崔小冬艺术简历

崔小冬，1964年生于辽宁锦州，1990年毕业于浙江美术学院油画系，1996年中国美术学院油画系硕士毕业并留校任教，1999年赴法国巴黎国际艺术城研修，2005年应邀赴德国汉堡交流考察。现为中国美术学院油画系教授、硕士研究生导师、油画系教研室主任，中国美术学院油画系第一工作室导师，中国美术家协会会员。

个展：

台湾高雄（1993）；杭州（1997）；台北（1999）；美国旧金山（2000）；德国汉堡（2005）；上海(2009)；杭州（2011）。

联展及获奖：

1988 全国首届油画邀请展；新学院派第一回展

1994 第八届全国美展

1995 获重庆“罗中立油画奖学金”

1996 纪念孙中山先生美术作品展并获铜奖；浙江油画双年展

1997 中国油画肖像艺术百年展；中国艺术大展；传统与现代名家精品展；香港回归中国当代油画艺术大展并获金奖；走向新世纪-中国青年油画展并获优秀作品奖

1998 人与自然-中日美术作品展并获金奖

1999 美国旧金山写实绘画展并获一等奖；第九届全国美展并获优秀奖；鲁迅文学艺术展

2000 波兰乌青市第八届国际纸艺术展；美术洛杉矶当代写实主义绘画展并获一等奖

2003 浙江博物馆探索与前瞻-浙江油画展；中国美术馆第三届全国油画展

2004 天地之间-油画三人展；第十届全国美展

2009 第十一届全国美术作品展并获银奖

2011 具象本色-中国当代油画家五人展；新杭州-三江两岸油画名家精品展

2012 张自嶷和她的三个学生(崔小冬、商亚东、朱卫东)油画作品展。

合作油画《南京•1937》参加国家重大历史题材美术创作工程作品展览。

出版有《中国艺术家-崔小冬》《当代油画名家画集-崔小冬》等作品集。

崔小冬 相聚 130×160 布面油画 2010

崔小冬 无眠的岁月 150×150 布面油画 2003
崔小冬 画室之三 160×45×3 布面油画 1994

锦服夜行,人散曲终后的拯救与衰亡

——浅议我所认识的中国当前油画状况

文/崔小冬

题目是舶来的，源于以前看的一部书的标题，带点吟诵的节奏很能表述多年之后的我对我所热爱的油画的某些心情，正是我看了这几年的中国油画状况引出的一些不切实际却又烂漫的遐想。

这几年中国油画繁盛富强，车水马龙，人头攒动，花枝乱颤，熙熙攘攘，各种式样与背负深远含义与社会人文历史情怀的油画作品频繁出现在社会的经济生活中，让人产生了某种油画离艺术范畴远去的错觉，看到同龄的朋友都开始吵吵着要当代了，要动漫了，要映射人生

的第二现实了，不由得对自己日复一日的操守与绘画习惯惭愧。适逢这次来到天府之国参加罗中立奖学金的评选颁奖及展览活动，让我近距离地观察了当代青年油画的面貌和作者的心态，又应《当代艺术》杂志编辑的盛情，可以轻松愉快地谈谈我的思考。

我以为罗中立奖学金的等等机制很好地行进于体制内外之间，让人对当下的艺术环境对从事这行的青年的状况的影响直观感悟，我感慨于中国油画的千变万化及多元趋势，惊讶于青年人的多思与聪慧，老成与复杂，不由回想我的青年时代，那是价值标准衡一，闭塞却单纯的年代，充眼只见文艺复兴、只见委拉斯贵兹们的年代，单一但是让人能拼力以求，对油画的认识伊始就只知道众所周知的能画和会画，当时我和大多数人都确之凿凿地明白什么是好画什么是不好的画，与现在不同那时的画只需要观看不需要解释也拒绝误读，与今天的意识形态图像式绘画主流不同，不知是我的不幸还是幸运，那时的我辈在不断地复习着《约翰克里斯托弗》中成长，信誓旦旦地自比不会屈服于卑下的情操的战士，满心的燕雀焉知鸿鹄之志的自信，那是我的英雄主义与理想主义，临摹着鲁本斯，卡拉瓦乔，委拉斯贵兹们的劣质印刷品而充实的没一点怀疑，看到大师们的好的印刷品就不由得踌躇满志，血脉涌入脸颊而两耳燥热，奔跑着想去油画，迷恋着那个年代所认识的油画的特殊材料的感觉，色彩的力量，坚定的认定那里能表达更坚实可信的人的情感，应对着当代的青年的新派油画所宣泄的气焰，我唏嘘反驳似乎谁没年轻过。

我的油画的成长一直处于理想主义的坚定艺术价值观下，在艺术与心智上与斯人已逝的王元化先生一样甘做十九世纪的孩子，而不屑二十世纪以来的普遍的价值混乱和信仰的丧失，我有恒定的信仰，传统的油画观与我就如个人的宗教般，我敬畏文艺复兴以来的油画黄金时代的大师们，他们已经成就了凡世的神话，现在见到个开口闭口文艺复兴，兴奋的好像刚读了梵高的《渴望生活》的油画青年实在是种奢侈，看到今天学院里的油画青年被满世界的琳琅满目所吸引的不知所措，我又暗自庆幸，保守与不合时宜都是错觉，我只是怀念。

网络时代要封闭自己实在是困难的事，所以谁都别说谁无知，我看到鲁本斯

崔小冬 青春舞曲 150×150 布面油画 2002

崔小冬 九溪烟树 70×75 布面油画 2012

的油画头颅里与弗洛依德的专横用笔的血脉，也看到弗里德里希与里希特的渊源，安迪沃霍和里希特，和红色中国变成中国当代油画的创作源泉不知道是谁的悲哀，在很短的时间里，中国油画将西方所有绘画进程中所产生的绘画样式同时搬过来，多数情况下，我以为只是这种人在社会里的态度，政治的态度，而不是绘画的态度，你想说那么多内容你直接用说就是，油画不应该承载如此多的城府，虽然我苦不堪言地努力画着我所以为的好油画，但我热爱。

中国的油画似乎还远没画出滋味就开始突飞猛进地快进入二十二世纪，有时候我又觉得我已成为一个虚无主义者，会狠狠地想着多年之后的美术史对当代艺术状况的记述；那是最好的时代也是最坏的时代。对历史来说这就是玩笑，就像印象派同时的学院派艺术，可怜的被所有记述的历史所抹去，我不迂腐，完全出于本能的热爱传统的油画艺术，也甘于寂寞，甘于行进在边缘夹缝里，我坚信未来的“新”，总是通过对现时的“时尚”的反动来建立的，所以我只选择成就油画之所以还是油画的这种画法，也只让画面承载这种材质只适合承载的内容，否则不如选择其他的绘画材料，古老的油画手工材质有它自身的技艺性本体，有它自身的循环往复，强调自身的油性和笔性，看鲁本斯和戈雅们自有他的解衣磅礴，不激不怒，那种笔不虚发，色不妄敷，灵多不滞的气度也适应于我处在的韬光养晦的江南，这便是我的油画态度。

观看罗中立奖学金参展和获奖作品展览，管中窥豹能看到中国油画的基本现状，有欲与当代接轨攀附，也有与学院官方体制的皈依求全，可以看到当代和传统的对持交融，只是当代急功近利而传统的又不那么正宗端庄，也许确实当他们都走向中间道路的时候，可能我们才能更好地面对艺术，但我实在怕对绘画的敬畏和信仰早被功利所掩埋，这几年来越来越多的价格代替价值的趋势让今天的八零后，九零后难守矜持，在学院的梳理里也是矛盾难堪，我之所以热爱的油画，似乎成为守旧迂腐的象征，看着越来越离谱的艺术经济和当代明星们在端正的学院里将造星和商业运作当做学术来讲演，将价格当做价值来吹嘘时，我不由得奇怪，怎么了？今天学院里的油画青年们内心深处对油画本身轻视，对传统更无敬畏之心，什么人都可以当艺术家，但并不是什么人都会画油画，我认为画油画是要有尊严和素养的，投机和骑墙不是慧根，我想化腐朽为神奇。

清理头绪，西方油画走向当代自有它的起因经过发展结果，绘画的末路和渐隐的复兴也有它的缘由，而中国油画就我看来还未有经过就直奔结果，太多的生搬硬套牵强附会，看看里希特这位中国当代艺术之父的北京展览，容易被人模仿的只是横扫模糊的图式方式，而他笔绘中的直通古典的端庄清旖，色彩中的深沉理性和次序，那幅烛光的气息通达维米尔的渊源，那幅天海相接的风景我猜他得画很久，我哀叹中国人的聪明，前段时间看到尤恩的画册，当代艺术史早遗忘的画家终其一生就画那样的画，喋喋不休的在那个点上固执地安身立命，我哀叹他的单纯，我说不清油画本身是否就有生命，完成后无需图解就能触及灵魂。

然而我承认当代的社会的特征就是当代艺术的特征，仿佛黑夜里的饕餮盛宴，人们争先恐后，锦衣夜行，人人都想表现那段众所周知的历史以及那段历

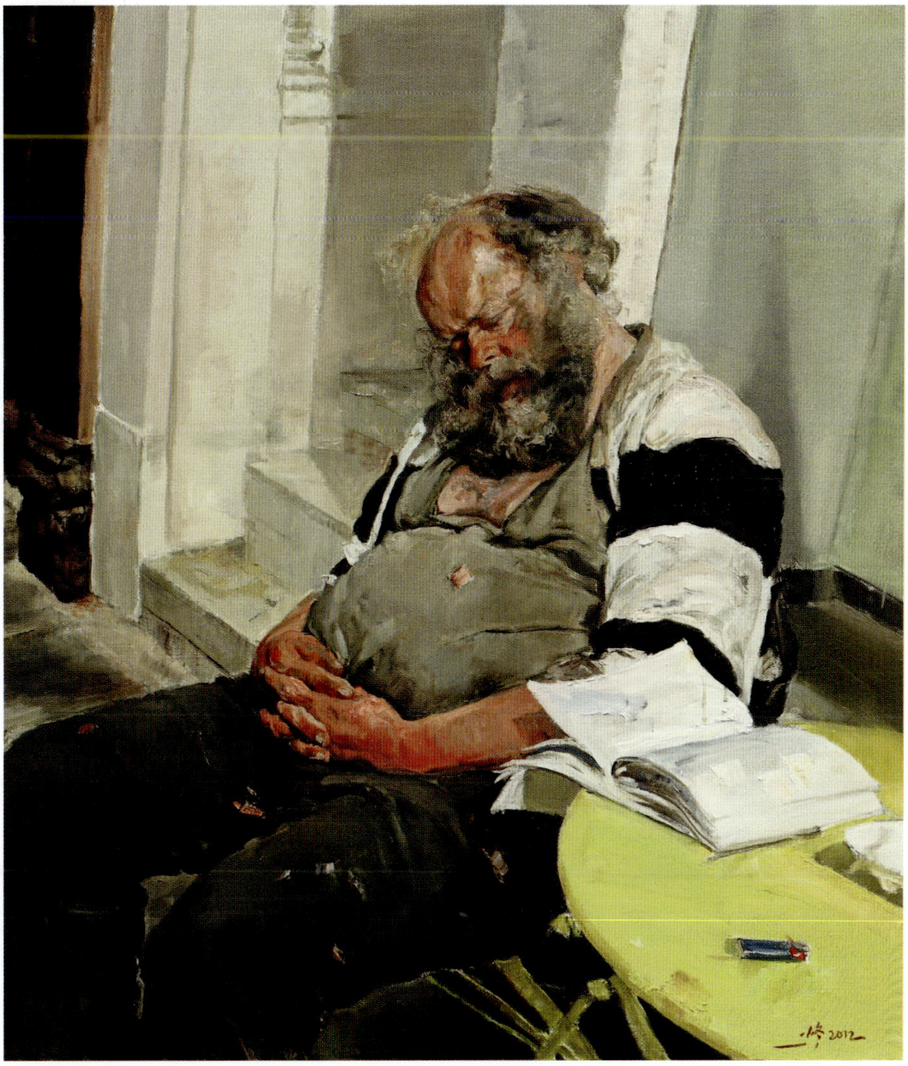

崔小冬 画室寄语 130×130 布面油画 2000

崔小冬 在打盹的油漆工 140×120 布面油画 2012

史对自己的压抑，都想表现对社会现实的批判，都想表现人在社会里流离和孤单，都想表现自己的青春残酷，都想表现自己的百无禁忌的新人类观，却没有人关注绘画本身，这让我由不得的悲观，也不由得轻视这一切，除了对成功的极度渴望和怕失去不该得到却已得到的东西而产生的焦虑，现在的画家们还有什么可以表现的焦虑？生活和物质是更好了还是更差了？恐怕我是以偏概全和不合时宜，看着学院里的青年对卡通一代热的跃跃欲试，我莫名其妙，日本有奈良美智但还有宫崎骏和押井守，还有数十年历史形成的对机器繁衍的怀疑和对未来世界的悲观以及自身成熟的卡通画的造型演变，我坚信万事万物的顺理成章，这是我的宿命观。

现实的危机正带动着各方各面的转变，经济生活的疏远后，我想中国油画会在聒噪中沉静下来，我也相信学院会在自恃与反思中辗转，自闭和慎独对学院来说应该不是坏事，在四川美院体会到多思图变和四溢激情，回望偏安一隅泰然江南的中国美院则还固守在在场的描绘里，现实的学院正在逐渐漠视传统的油画技艺，轻视心手合一的传统油画操练，我想做不到笔性与内心磅礴的才情相映忽视油画自身的秉性与力量，是只能趋附于图式的描绘里去，借助图解来歇斯底里，这正是我所不屑的。

每次在卢浮宫里阅读委拉斯贵兹们的杰作都让我坚信，画就是画，无需借助别的什么就可以让人颤栗而直示灵魂，因为这是在书写人类尊严和生命光辉，中国油画在经历了幻象般的繁荣后，在当下这一时刻，有点意向般的离散，只是在锦服夜行曲终人散后，谁来拯救？谁会衰亡？

崔小冬 浮光 130×130 布面油画 2012

崔小冬 灿烂人生 160×80 布面油画 2006

英国艺术考察随笔

文/崔小冬

2011年4月至7月，我有幸参与文化部组织的第二批(2010年度)中国中青年美术家海外研修工程，1987年英国伦敦斯莱德美术学院的尤格鲁尤恩先生来浙江美术学院油画系教学三周，当时我正是油画系在读学生，如今，我便将伦敦作为我的海外研修计划的目的地，只是一晃24年，斯莱德美术学院还在而尤格鲁尤恩先生却已不在。

伦敦有特拉法尔加广场，泰晤士河畔有威斯敏特宫，有巨无霸伦敦眼摩天轮，我来时做功课得知，伦敦人口有800多万。伦敦的行政区划分为伦敦城和32个市区，距离泰晤士河入海口88公里。伦敦城外的12个市区称为内伦敦，其他20个市区称为外伦敦。伦敦城、内伦敦、外伦敦构成大伦敦市。大伦敦市又可分为伦敦城、西伦敦、东伦敦、南区和港口。伦敦城是金融资本和贸易中心，西伦敦是英国王宫、首相官邸、议会和政府各部所在地，东伦敦是工业区和工人住宅区，南区是工商业和住宅混合区，港口指伦敦塔桥至泰晤士河河口之间的地区。伦敦很大，整个大伦敦市面积1580平方公里。同时受北大西洋暖流和西风影响，属温带海洋性气候，四季温差小，夏季凉爽，冬季温暖，空气湿润，多雨雾，秋冬季节更是雨雾天很多，所以在伦敦，会看到惊艳的城市色彩，古典与时尚结合的丝丝入扣，一边是极灰的古建筑，一边是鲜橙色的极其醒目的铁桥，这种城市色彩的规划实用而时髦，让国内大谈城市灰色的规划专家汗颜，伦敦仿佛一朵纯色的奇葩。

在伦敦的三个月，我住在伦敦肯辛顿区，离霍兰公园500米，除却休息画些风景写生之外，几乎每天，我都穿梭在各种美术学院，美术馆和画廊中，奔波之间正值伦敦的各个艺术院校的专业毕业SHOW的旺季，其中高德史密斯艺术学院，斯莱德美术学院，伦敦切尔西艺术与设计学院，英国皇家美术学院等的BA.BFA.SHOW全为我所一一目睹，同时伦敦夏季艺术大展和肖像画大展的展期也正是穿插其中，可以说眼福不小，却也正是由此使我对今日英国的种种艺术生态有了较感性的认识，而其中所含的文化之相，也让我对正没顶于物质时代洪涛中的祖国的艺术事业忧心忡忡。

由于我的海外研修为伦敦的切尔西艺术与设计学院所邀请，最初的活动围绕着该学院，通过对切尔西的旁听，参观，师生的日常寻访等等逐步深入，管中窥豹我大概地了解了英国今日的艺术教育。

切尔西艺术与设计学院，原名伦敦学院，成立于1986年，是全世界最优秀的艺术学院之一，将世界上最著名的致力于艺术、设计及其他相关活动的六所学院联合起来，这六所专业学院是：伦敦传媒学院、伦敦时装学院、坎伯威尔艺术学院、英国切尔西艺术与设计学院、温布尔登艺术学院和中央圣马丁艺术与设计学院。这六座学院共同使伦敦学院成为了世界上规模最大的艺术、设计、大众传播以及相关技术的教育中心。

该学院设平面传媒设计、纯艺术（新媒体、绘画、雕刻、装置艺术、表演艺术）室内及空间设计、纺织品设计。这与我所工作的中国美术学院的院系设计较为相似，原本有4个校区的切尔西学院在2005年的1月统整为一个校区，新校区London Millbank是在泰晤士河岸的泰德美术馆旁。新校区的建筑成为21世纪艺术设计的典范，而校区邻近的美术馆和画廊，也提供给学生无限的灵感来源。

其中为我所关注的纯艺术专业的授课方式与国内大相径庭，上课方式采取教授提问置疑调动同学互相讨论为主，同传统的艺术教育模式彻底分离，不再口授心传地教授绘画等造型艺术的技术与技巧，重点放在个人艺术观念的建立于培养，旨在追求形式与完善创作方式与艺术观念表达的最佳结合，按我的了解其中具体的绘画技术和技巧基本是依据个人需求自学实

崔小冬 春晓 89×110 布面油画 2004

崔小冬 温德米尔湖的天鹅 50×60 布面油画 2011

践解决或通过社会上的其他途径来积累经验的。

虽然，切尔西的课程设置中包含有写生课（当然这里的写生方式更注意快速的个人主观感受），但这种在国内艺术院校的造型学科学习中占最大比重的必修课程却在英国斯莱德美院及英国皇家美术学院被取消，而后者在今日英国甚至世界的当代艺术圈中举足轻重，正是皇家美术学院多次与查尔斯·萨奇合作，推动着英国前卫艺术的发展，引领着当代艺术潮流，创造出如达明安·赫斯特类的艺术明星。

由此扯开去说，也让我正视了今天中国的所谓艺术专业圈对英国当代艺术的了解和认知所存在的时间差，类似于大卫·霍克尼，卢西恩·佛洛伊德，奥尔巴赫，库索夫对今天的英国艺术院校的学生来说他们是20世纪80年代以前的明星，而在国内的艺术院校中他们才被我们刚刚接触或者刚刚被读懂并正在课堂中被津津乐道，但每想到这些我们希图能作为新的绘画艺术坐标的艺术家对英国学生来说却早就是过去式时，我心里就难以言说起来，虽然这种滞后的形成有多方面的原因，也在错位的时空中锤炼着经典。

英国艺术院校的教授教师并非全是功成名就的艺术家，反之功成名就的艺术家也很少当着大学教授，这被我理解为英国人对艺术教育者与艺术家的两种不同的身份认同。

坐落在皮卡迪力街上有英国皇家美术家协会，也有英国皇家艺术学院，而该学院更是我去过的美术学院中最具传统美誉的学院，今天在该学院的教

学走廊食堂转角和教学楼的角落中依然散落着一些解剖用的人体骨架及古代希腊罗马的雕塑，与国内的艺术院校似曾相识，但教室中陈列的学生作业却又分明告诉我们他们早已把这一切抛却。这些作业如同三个月来我所看过的各种毕业SHOW,高德史密斯，斯莱德，切尔西，英国皇家，圣马丁等等艺术学院的BA.BFA.SHOW，大同小异，显现出的特征便是纯艺术的展览明显没有设计专业的毕业展更受关注，平面设计特别是服装设计的毕业展特别受到社会相关人士的关注甚至还需要排队买票参观，相形之下造型专业的展览，参观的人相对少之又少，往往展示作品下方留着作者电话，EMEIL等等联系方式甚至标注着价格，可见英国当代艺术的造星运动的夺目光辉也有普照不及的角落，这些角落里的生存焦虑使得这些艺术生态食物链的最底层已经失去身处艺术殿堂中应有的骄傲和自尊，这很难与我原来的理想想象对接。

同时造型艺术创作模式也显现出了雷同的尴尬，以架上作品为例，各院校普遍展现趋同的样式并伴随着简单的手法和技巧。这也是难以吸引外界关注的原因，具象绘画作品的样式基本以十年来的欧洲领军人物样式为摹本，类似皮特•道伊格，丹尼尔•李斯特的绘画比比皆是，这些年轻的模仿者没有中国的模仿者幸运，得益于信息传递客观上的不公平不对等以及国人本身艺术素质的不一，前几年涌现的中国里希特，中国安迪，中国奈良们似乎都理所当然的安身立命。这些模仿品同我2005年参观汉堡美术学院的学生作品几近相同，让我也感受到了今日英国造型艺术的忸捏，或许正是今日世界造型艺术的呢喃梦魇，会是明日中国的吗？

但是得正视英国的当代艺术环境确实与国内根本不同，伦敦人的艺术环境与艺术生活自然而且自觉，伦敦人是

崔小冬 摩登时代-阮玲玉 直径50 布面油画 2010

崔小冬 洪文 66×72 布面油画 1997

生活在画廊丛中的，全市有近两百家画廊和形形色色的美术馆，文化中心较为知名的有泰特现代美术馆、泰特不列颠美术馆、国家美术馆、考陶尔德美术学院画廊、萨奇画廊、白立方画廊、白教堂画廊、蛇形画廊、ICA艺术中心、巴比肯艺术中心等等。

其中泰特现代美术馆专门收藏20世纪现代艺术，毕加索、马蒂斯、安迪瓦豪、蒙德里安、达利的作品吸引全世界的观众前来观赏，美术馆并未按传统的年代编排方式陈列它的艺术品，而是把艺术品分成四大类，分别摆放在3楼和5楼的展厅内。这四大类是：历史-记忆-社会、裸体人像-行动-身体、风景-材料-环境、静物-实物-真实的生活。这种割破历史脉络的陈列方式使得观众在同一个空间与时间与不同年代围绕同一主题创作的艺术品相遇，人们在观看莫奈的大型壁画“睡莲”的同时可以瞥见身旁的Richard Long创作于1991年的石头阵。不同的艺术思维和创作手段在此直接碰撞，这正是泰特现代美术馆的高明之处，也是它指引人们思考艺术的的精神魅力所在。

泰特不列颠美术馆(The Tate Gallery of British Art)。最受欢迎

的馆藏为拉斐尔前派和透纳的作品。拉斐尔前派作为复古主义和浪漫主义的合成物，3个最著名的画家威廉•亨特（William Holman Hunt）、约翰•米莱斯（John Everett Millais）和加贝里•罗塞蒂（Dante Gabriel Roseti），各自有精彩的代表作。

国家美术馆收集了从13世纪至19世纪、多达2,300件的馆藏绘画作品。由于其收藏属于英国公众，因此美术馆是以免费参观的方式向大众开放，但偶尔也有要收费的特展。

考陶尔德艺术画廊是英国最重要的收藏画廊之一，其中藏品包括世界知名的绘画大师，印象派和后印象派画家作品，杰出的版画和大师素描作品，作为从属于考陶尔德美术学院的一个学院画廊的藏品包含着米开朗基罗，伦勃朗，塞尚和透纳等大师原作让人吃惊。

赫赫有名的萨奇画廊则一贯致力于提供富有创意的论坛空间，来展示当代艺术和尚未为人知的年轻艺术家作品，同时包括向英国观众展示国际知名艺术家在英国鲜有展出的作品。

在过去的十年中，由于英国国民对当代艺术从总体上有所认知并产生兴趣，因此参观当代艺术作品的观众人数大幅度上升。这些画廊和美术馆开馆时间中充斥着教师领队来感受艺术素质教育的中小学生和参观的游客与市民。这司空见惯的种种无不显示出英国当代艺术的公众化，日常化倾向，但其中也伴随着艺术的娱乐化，俚俗化，虽然这种鄙俗中有纯正的教养，但从中可见传统的审美价值取向在现实中逐步日落西山，取而代之的是艺术的导读化，充斥着各种诠释、解读、分类和标识。

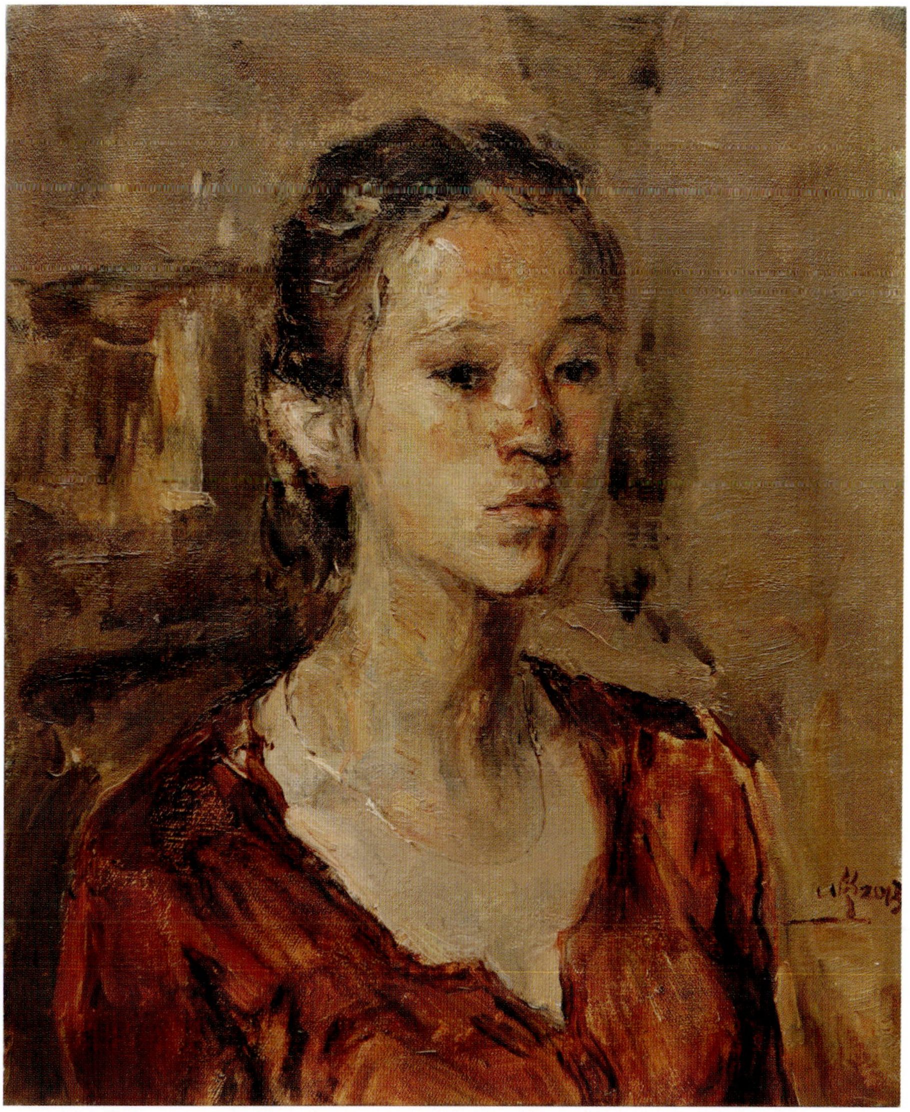

崔小冬 画室的午后 184×163 布面油画 2010

崔小冬 少女 60×50 布面油画 2013

这种艺术的公共化逐渐成为今天西方艺术的价值取向。其中我所参观的伦敦夏季艺术大展和肖像画大展是能代表英国的架上绘画普遍性现状的公共性展览，展览的策展方式与国内不同，一个展览上同时有殿堂级的艺术家（类似卢西恩·佛洛依德，安森·基弗等）与平民庶民艺术家甚至是儿童画家的作品，陈列方式非常密集，更像是一次集会，展览的宣传和广告遍布城市的每个角落，而且设有奖金和评审专家同时兼有群众的投票，参观的人络绎不绝，然而让人不解的是我所参看的肖像画大展上的写实作品多采取照相写实的手法，虽然西方人的面孔确实非常适宜用油画材料表现，但传统的艺术语言和绘画性的手法延续却在英国接近绝迹不由得让我遗憾，毕竟在图像技术已经发展进入1080P的高清时代后，保留绘画性本体语言的绘画才是弥足珍贵的，更不用说在油画的生发国度中，不知道油画会否走向3D。当然，这都反映出西方式的思维方式，达尔文主义以及对自身绘画传统的审美疲劳和敬畏。

三个月的海外研修，总体感觉到英国的艺术环境发展的现状所代表的西方当代艺术教育环境有其自身的必然，也有其本身的自觉需要，似乎是坚实的附着于其国民的、普遍的艺术素质基石上，这点非常重要，中国的今天，中国今天的艺术教育要不要同样全盘接受他们今天的模式和价值取向是值得我们的艺术界和教育界慎重思考的问题，我以为五四以来对西方的学习借鉴的主要动机是提高我们国民自身的文化素质，或许在今天依然是我们的艺术院校的主要目的，而不是亢奋在创造绘画大师的目标上。

平面、服装设计等艺术设计专业的繁荣兴起有其现实中的实用功能和商业的延伸原因，这些都无可置疑并且前途坦荡，但看到国内院校隶属纯艺术造型类的新媒体跨媒体专业被大量设置并也似乎热闹起来，我内心却是五味乏陈的，认为唯有绘画至上是自大的不知魏晋了，但在中国，可以说百分之九十九的国民是完全缺失当代艺术的审美素养的，所谓基石就我看来似乎只有祖国首都的798等艺术区表面上的当代艺术普及教育模式，但是从大山子打个的士随便往哪个方向开五十里恐怕都只能见到奔波在生活中的农民工兄弟，由此谈与西方接轨，尤其在纯艺术领域的媒体装置材料上接轨，似乎更是空中楼阁，不知是学生的幸运还是教师的幸运，狂欢结束是毕业后惶惶不安的年轻人，这种冒进会以牺牲一两代人为代价，当然必定也会有既得利益者。

杞人忧天的我尝试对英国的艺术生态考察做出结论：

崔小冬 重温毕加索 130×160 布面油画 2006

崔小冬 打船 160×100 布面油画 2011

首先英国的艺术教育模式现状的形成，伴随着其自身的历史根源，社会发展，文化基础，受众人群本身的文化结构而形成，英国的媒体装置艺术在现实中的运用广泛，其中商业与纯艺术的功能界限比较模糊，媒体艺术的运用已非常成熟并已形成了较广泛的接收群体和施行群体。同时中西方的美术教育基础是不一致的，西方的美术馆教育，已经渗透在西方人的孩童时期，城市色彩与地理风貌形成的视觉的审美色彩经验也完全不同，直白些说中西方人孩童期的色彩基因都有差距，中西方人的艺术素养差距不言而喻，中国的艺术公共性尚在初期，并且在发展与分布上都不平衡，甚至局部有被误读后形成的错位。我建议国内的媒体艺术的教育应该先在实用领域中推广，慢慢形成一种对该类艺术的普遍的审美基础，才会出现真正能自发自觉将其运用在纯艺术领域的学生。

其次，传统艺术的演进虽然边缘，但依然行进得纯正从容，英国也出现了卢西恩•佛洛依德这样拓展绘画史的伟大画家，这与西方较稳定的价值观和文化背景分不开，这里不得不说中国四十年的变化，犹如西方人经历的四百年，传统与当代是割裂的，来路不明的无源之水比比皆是，就油画来说，应该补的课依然很多，而并非如一些乐观的看法那样，中国油画已经与西方齐头并进了。油画毕竟是舶来物，实际上，不说

画面，就对艺术的虔诚性态度来看，我们远不及毗邻日本，具体来看的弱点很多，举例来说就如国内美术学院油画系的教育在油画色彩的环节依然薄弱，我们应该意识到有简单化教条化趋势的印象派色彩体系并非油画色彩的全部支撑。西方传统油画的色彩审美环节缺失，尤其在国内油画创作中缺失，使得国内油画品质浅显和粗糙。院校油画教学在色彩和油画材质上的深化研究是保证中国油画取得国际品质的必不可少的环节。恐怕我是个油画主义者，油画作为材质成为绘画工具有其根本的原因，油画本质的东西不可或缺，油性的胶着黏稠，琉璃般的深沉折射，油画色彩的深刻沉稳和调性都是用这个工具而不用别的工具来表现的起因，我觉得这个最初原因不应该被忽视，毕竟在今天你是有选择工具的完全自由，选择是用水彩、丙烯、丹培拉材料作画还是用油画来作画。

西方人的艺术史在传统绘画这块已经满溢，当代对传统的反动有其被动和必然，在今天，在绘画上能取得丁点的传统意义上的成就都非常艰难，不仅需要观念的突进和天才，更需要极大的付出，需要整个个人的生命投入，所以西方艺术教育中的媒体装置的普及是有其公共性的特性决定的。反观国内，貌似的艺术繁荣实际更多的带着纯粹的物质性的，浮躁，急功，在油画上我以为还有着漫长的路途要走，甚至是在对艺术的态度上。

第三，英国的当代艺术现况，也是受到资本影响的结果，类似筛选，购买，分类，标识化，公共化，增值，销售，有一套完整的体系，同时每一环节相对应的人群也具备相应的素质，以使得该体系循环往复生生不息，而资本介入中国，现在只是开始，远未见到结果，英国文化有种天生的与美国文化的对抗，排斥POP和抽象，重视欧洲精神，其中的贵族文化精英意识形成了区别美国的当代性，含着某种欧洲中心论，血统论的当代性。中国艺术的当代性又是什么呢？我觉得并不鲜明，有左右逢源的嫌疑。

由此，我认为的国家的艺术教育重心应该回到对传统的研习上，回到以提高普遍的国民艺术素养和审美层次的目的上。应该明确对西方审美的研究和掌握是为了满足提高中国文化整体素质的需求，是中国文化复兴的需求，这或许是我们的美术院校应该深度思考的问题。

我们应该正视物质时代的艺术真相，2011年7月24日我离开伦敦，四天前卢西恩·佛洛依德在绘画中去世，据说他的画室正在霍兰公园中，他的离开对英国乃至整个西方来说都宣告了一个绘画时代的终结，然而对中国来说意味着什么呢？我，不知道。

崔小冬 沙发上的模特 80×100 布面油画 2004

崔小冬 女儿 90×90 布面油画 2004
崔小冬 惊蛰 182×163 布面油画 2008

崔小冬 温德米尔湖的清晨 160×120 布面油画 2011

崔小冬 在春风里 160×182.5 布面油画 2011
崔小冬 秋意正浓 130×110 布面油画 2013

崔小冬 茶园春色 160×110 布面油画 2012

崔小冬 阿里人家 130×130 布面油画 2010
崔小冬 我心逍遥 160×140 布面油画 2010

崔小冬 轻悄的脚步 160×120 布面油画 2012

崔小冬 温暖的日子 140×160 布面油画 2010
崔小冬 美丽世界之二(相伴篇) 160×136 布面油画 2008

黄　菁

【凤池观察】我在五六年前应《美术天地》陆掌门之邀做了一篇“说闲·再论当代英雄”的文章，把东南西北各地盟主罗列一番，若京津靳老先生，东北尔申院长，西北郭北平教授，川渝罗院长，东南郭润文先生这样地说开去，那么黄菁先生毫无疑问是镇霸八桂了。要是从艺术风格上说，北戴（士和）南黄（菁），也很贴切得当了，艺术不仅仅是手艺，更主要的在于意趣与品位，从工艺打磨的程式中跳跃出来本身就是一种品格，这一点，西班牙几位大师毕加索、米罗和萨尔瓦多·达利做得相当的好，纵然他们的前辈还有意大利和法国的古典大师们他们的光环熠熠生辉，这些终究也抑不住他们的性情，新花怒放，成了后一代仰望的高山，黄菁先生艺术探索的意义也就在此，他在以样式符号为要旨的所谓当代艺术和以写实技法为能事的传统绘画这两大阵营轰轰烈烈演绎中国油画艺术与市场格局之外开辟出另一条清新之路，而且乐此不疲，硕果累累，既能注重油画自身特质的运用与表达，又能融入其他姊妹艺术的滋养，成就他自己的艺术风貌。达芬奇老爷子说：“利用墙上偶然的脏污，作为想象的出发点。”我想，黄菁先生一定时时都在用画笔予以自己的诠释。

绘画的个人思考

——广西艺术学院美术学院
文/黄菁

今天我们有幸生活在后工业经济的网络时代。随着社会的深刻变革和技术的进步，人类正在逐步进入无阻隔的资源共享的时代。这种极其方便而又快速的生活是何等单一并且缺乏偶然性。那个体的idear以及手工制作品将会特别的受到青睐。就如同天然矿泉和绿色食品一样的成为精神产品的尊贵一族。绘画及其它门类的艺术品的内在个性智慧将更加倍受人们的珍惜。人类在以逐渐丧失个体独特精神和自然资源为代价，享有了信息化的现代进步，对保护个人独特性的强烈需求将会日趋迫切。因此，毫无疑问，绘画价值也会随之提升。这无疑对画家是一个美好的安慰和鼓舞。

可是，历来画家都很矛盾。他们企望被接受，同时又害怕或者说不愿意被接受。他们企图保留那种给人与众不同并且受人崇拜的感觉，但又不想被冷落。从根本上说，个体的独创性同流行时尚是一对矛盾。独创的孤独使他盼望被理解，而被理解的同时，独创的价值似乎就消解了。被人读懂了，神秘就消失了。也就真正成为画家们不愿为伍的大众艺术了。因此艺术家也许没意识到，他们的那种想冲破世俗偏见最后赢得认可的勇敢行为的最终结果，很可能是在为自己视为神圣的新艺术掘墓。从流行的商业模式来预测，某一流派的生长段落即是：初生牛犊、长大成人、衰老逝去。任何事物也难逃这一安排。只看你寿命的长短。难怪毕加索说他要像小孩子那样画画。无非是想多保有几年艺术生命。

所以曾有人告诫说：要想画常新耐看，就必需置身世外，甘做边缘角色。越是跟随主流，你将被和你一样想法的追随者淹没。淘汰也就越快。今天中国的很多艺术家急切地要想入正室。甚至急切的要得到权威的认可。试想当一种原来未曾被理解的东西也堂而皇之的进入了大学的课堂，就像印象派的技法被人们普遍接受成为教科书里的一部分，那不是正好有违新艺术的旨意吗。如同一支股票当所有的人都看好它，蜂拥抢买的时候也就到了它上升的后期，即风险最大的时候。越不被人看好才越潜藏着实力。在野的势力才最有生命力。一但登堂入室，纳入正册即是衰落的开始。当然总会有新的东西来重复着“旧的故事”——“先是让人反感、不理解、甚至唾骂，然后看多了见怪不怪，最后是被大众招安。”就像蒙德里安的画被印在时髦的手提袋和服装上一样。真正成为了大众崇尚和追逐的东西也就已经是陈旧过时的货色了。难道艺术家不想使自己的艺术生命力更强、更久远些吗？其实在这一点上中国的老祖宗才最聪明“宁做第二，不当第一”。永远保持自己的弱态才是最强势。不与其争才是最大的争。中国画在世界上自立体系。自己玩自己的一套，不进入别人的正室强势之中，才能立于世界文化之林，无人能与之相比。

要么无人理解、孤独、寂寞一生。要么早遇贵人，一朝成名。这是画画人的两类境遇。这与大众喜不喜欢你没有多大关系。如同当年文森特•凡高先生。生前专家不喜欢，大众更看不明白。身后专家看明白了，大众也跟着叫好。可不同的是，专家品出了凡高油画的“价值”（首先是艺术的其次是金钱的）。而大众一般热衷看到的是“价格”（仅仅是金钱）。如今满街挂着凡高老哥的油画复制品。他九泉之下有闻的话，不知会有何感慨。我想凡高先生真心想要的是沙龙的首肯，而不会是老百

姓的追拥吧。如同眼下的艺术家想要的一样——入选全国美展、登载上美术杂志、拍卖得了高价。

其实新事物的生命活力是靠老传统的滋养和抗争激发出来的。旧的顶得越顽强，新的越觉得有意思，就越能积蓄更多的养份，从而能量得以壮大起来。没人与之相争，也就乏味了。人类喜新厌旧的天性，在艺术上显得有些迟顿。似乎大多数画家在随大流，我们都在重复着“别人的话语”。但这又有什么关系呢？每一个人的学养、机会不一样。我想也只能如此。希望得到别人的认可本是人之常情，无可厚非。但如果暂时得不到，也不能屈服于现实的好恶。凡高生前很想卖画，没人买他也不改初衷，这才是值得推崇的榜样。

回过头来说句公道话。每一个个体在接受前人东西的同时，也融入了他的创造。毕加索也接受了别人的东西——抄袭布拉克的画风和直接套用非洲木雕的形式的勾当他没少干过。画家恩佐、古契也曾告白：“我所有的东西都归功于其他任何一位艺术家。也许我比其他任何人欠他们更多，因为我是个不可救药的收集者。”（摘至陈丹青的《纽约琐记》）。所以，我觉得摹仿不丢脸。重要的是诚实和坚持。谁能做到一辈子都在“抄袭”，那他肯定是一个了不起的人。坚持追求自己喜欢的东西，这是画家从绘画中获得乐趣的源泉。我觉得一个人不怕重复一种东西，最怕是没有东西去重复。其实你真正百画不厌的题材，或是一直不倦在把玩的那一套技巧（不管别人是否做过），才是属于你的图形语言。不属于你的东西你想留也留不住。我想像不出一个为了某种原因故意去重复自己不喜欢做的事的人是如何去打发时日的。我相信他的痛苦不是用金钱可以消除的。

我们还记得，中国有个油画家叫艾轩。当年怀斯的画才刚引入国内画坛时，出现了一股怀斯热，许多画家被怀先生的画风所吸引，都在用他的办法作画。艾轩也是其中之一。他也画了大量西藏题材的油画，全是摹仿怀斯画风的作品。但几年过后我们在画坛上就看到只有艾轩仍然还那样乐此不疲地画他的被称为怀斯风格的油画。其他的画家呢？都偃旗息鼓去另觅新物了。直到今天，艾轩可能还一直这样画着，并且成了中国唯一的"怀斯风格"画家。

我觉得艾轩同许多其他画家一样在被他喜欢的东西所吸引。而不同的是，其他人只是猎奇式的浅尝辄止，因为最后所有人都知道，怀斯画风同自己的气质不相匹配，所以只能放弃它。众多的画家中只有艾轩是真正喜欢并合适用这类风格画画的人。在摹仿与学习中艾轩肯定也加入了自己的理解和情感，在技法上也小有区别，并融入了自己的创造。虽然继承的因素更多一点，但我们知道绘画的创新总是有前提的——-那就是对他人的摹仿。这不是一件什么见不得人的事。难道不是这样吗？我说的意思是：当你尝试着学习做某样东西而且一直都能让你为之着迷，那你就顺着走下去，你有可能已经找到了符合你内在节奏的样式。

黄菁 喀斯特田园之二 70×80 布面油画 2012

黄菁 拙政园 70×80 布面油画 2012
黄菁 山中农事 50×60 布面油画 2012

我们旧有的老毛病：就是总怕自己被冷落，不被重视。因此都拼命地把自己的事说得很重要，动辄就是“世界”“国际”“全球化”……．好像美术的发展是关系人类存亡的大事。有些文章用的语言很有气魄——“振兴中国的文化强势地位”，“复兴民族文化的自信”，打破所谓“全球化”即“西方化”的垄断……。我不知道强势文化是否需要去振兴？也没觉得我们的民族自信在消失。艺术也没有谁垄断得了。大艺术家不是靠喊“口号”呼吁出来的。中国的艺术家仍一直在做他们应该做的、喜欢做的事。也没有觉得比其他的民族弱。就是在一百年以前满清政治腐败的黑暗时期，不也涌现过许多大画家吗？如：石涛、吴昌硕、黄宾虹等等。非洲的黑人土著不是也拥有自己引以为荣的原始艺术吗？每个民族都在平静的按自己的特有方式去看事物。并用自己认为最合适的方式去传达他的看法。太功利、太自卑的心态并不利于人类创造。我想起了在《读者》上看到过王小东写的一篇文章，题目叫《留学生与中国的科技发展》。他在文章中谈到了在美国留学的感想，谈到了为什么中国的留学生在国外少有真正的科学发明创造。原因很简单：“为生活所迫，立时要见经济效益的人。是难有真正创造性的科学发现和发明的。”功利心太强，生存的压力迫使他们不能按真实的想法去做事，按照事物本身的规律去探索，所以难成大器。

试想，中国唐代诗人李白写诗，是否要先知道自己排老几？知道外国人有什么看法？再决定如何去写？非洲人也

黄菁 树荫下 65×65 布面油画 2012

黄菁 绿荫下的小村庄 70×40 布面油画 2012

要知道了毕加索有一天会喜欢他们的木雕再去做那些面具吗？人类的文明、文化恐怕不是事先安排出来的，而是发自内心，脚踏实地的做出来的吧！我们恐怕也还没有忘记那个嘴巴利害，脑子敢想的年代吧。先是提“超英赶美”，再下来是猛放“卫星”，最后是要“解放全人类”。可真是不可谓不够牛逼！结果怎样，老大没做成，强势也没捞到，只弄得人被饿死、国家主席被整死、国民经济差点崩溃的下场。不按规律办事后果太惨了。

艺术本来就不是一场比赛。你做你的，我做我的。不因为你国家大，人口多，不同别人玩，自己先计划好要拿的名次和在全世界的地位，你的艺术就会是强势，就和某人平起平坐，或是在人家之上。也不会因为你呐喊着要取代谁，就能真正如愿。要想把事做好，根本就在于诚实、勤奋。功利可以求，但那是用诚实和勤奋换来的，是你的作品出来以后，大家对你的劳动的肯定。真正的，发自内心地去热爱它，认认真真地去实现它，这才是正路。就像体育比赛，就算是输掉了。那又怎么样，我们热爱运动，目的是把身体弄好。冠军不一定身体就好，身体好才是人生的冠军。如果有一天，中国的乒乓球败在别人的拍下而全国人民的身体都很健康，那中国才是名符其实的冠军。

我们应该正本清源。把做事的目的定位弄明白，不要故意去追赶什么，认识到哪一步，就做到哪一步。也不要光图嘴巴痛快。最好不要说，而要踏实地干。社会变化如此之快，艺术反而要相对的封闭一些，更自我一些。“要与现实社会，特别是不够理想的乃至异化的现实社会保持一定的距离。”（摘自王诺的文章《读哈佛》）最重要的是有自己的独特思考与独特表达，并且坚持下去。绘画要传达的是别人也感受得到但无法实现的东西。是那些更有价值、更永恒的东西。

画家恩佐•古契说：“我只有在脑袋一片空白时才有办法画画”。（摘至陈丹青的《纽约琐记》）这句话对于画画虽然不具有普遍意义。他只属于个别人的个别经验。但它说明一个道理，知识在一个人身上没有被恰当地组合时，不但不能帮助一个人准确、真实地体察对象，反而会使你背离事物的真实性，变成了危害思想的垃圾。所以当你面对对象时，头脑空了不一定是坏事。排除掉杂念和知识垃圾的干扰，才能获得诚实的看法。

所以，我们今天议论画画的事，不能说谁先进，谁落后，在追求和努力中自显高低优劣的区分。不要刻意地向谁学习，也不要刻意地给自己定标准，更不是要同某人去比拼。我就是我。大家就按自已的眼光，自己的喜好，自己的表达方式去画好了。各人都从自己的角度（不是别人的角度）诚实地去感受，执着地去表现。自然会有你的样子，你的语言体系和你的独特成就。

黄菁 喀斯特田园之十五 70×80 布面油画 2012

黄菁 喀斯特田园之十三 65×65 布面油画 2012
黄菁 有蓝精灵的后花园 80×80 布面油画 2012

黄菁油画艺术品评

文/王之平

广西属青山秀水之地，近十几年来在画坛多出风景画家。早有阳太阳先生、涂克先生和蒋明皋先生等老前辈，再有张东风、黄菁、谢森、黄少鹏、韦军、陈毅刚——，而后又有文瑶、闭国斌、黄光良等后起之秀，老中青人才辈出。

二十一世纪初，有苏旅和刘新等有识之士首推"南方的风景"的旗号，自此逐渐形成广西油画的风景画家群。经过十多年的努力，不间断地组织学术创作活动，带出了一批高水平的油画创作人才，形成了有影响力的"广西风景现象"。在这批油画精英之中，黄菁是一个比较独特的画家。

黄菁是个多面手，绘画天分出众。早在85思潮的年代，他就是广西涉入前卫艺术比较早的画家，86年在南宁人民公园参与了广西五人"开始画展"，画风新锐先锋。可是那时的黄菁正如全国的其他先锋画家一样，其作品摹仿西方艺术的痕迹较重。经过回顾与反思，他将自己慢慢地拉回到真正属于他个人的艺术理想上来。

黄菁的思路敏捷，涉猎面广，对新事物的摄取有超于常人的敏感度。正如高峻先生所描述的："在前辈大师的作品中游弋，不断地吸取、消化、怀疑、困惑、抛弃甚至再捡起再抛弃。艺术追求的过程正是如此。真正的艺术作品都隐含着两个特质：一是可以类比天工的精致巧妙的内形式建构，二是对以往艺术经验予以辨证否定的自由精神和创新倾向。如果说前者源自艺术家精妙的思维能力的话，后者则依赖艺术家那永不枯竭的情感和与生俱来的自我质疑，自我超越的能力。源自精神而至形式上的反叛与自觉的重构。是对"物"和"我"的双重反思。这是人生乃至更深刻的哲学思考，也是自我人格修养的实现过程。"黄菁的艺术实践和整个成长就是这样的抛弃再捡起再抛弃的自我否定，自我超越的过程。在否定中前行，在否定中建构，在否定中褪掉物质的干扰和束缚，在否定中提炼出那么一点点神性与灵性的闪光。他是一位能从对象中提取出美感元素的绘画高手，能够巧妙地超越对象，使作品具有纯粹绘画美的艺术家。

孟远烘先生在他的专著《广西油画创作中的神秘主义倾向》中有过对黄菁艺术的梳理与细致的评价：“1992年的《桂林山水印象》开始了黄菁90年代创作化风格的序曲，这一组画借用了桂林山水的外形，里面填充的却是虫蠕般的各式各样的图形符号，充满着魔幻般的色彩。1992年至1993年，黄菁画了人体组画，这一系列作品有着雷东式的梦幻、富丽和诗意。1994年所画的《河边》是雷东式梦幻风格的总结，作品中的树木及花丛如浮云彩霞般的闪

黄菁 夏去秋来 150×200 布面丙烯 2010

黄菁 试手古意之一 70×40 布面油画 2012

烁迷人，整个色调呈紫蓝色，似乎描绘的是一个月夜，充满着神秘气息。”

黄菁善于在他的作品中巧妙地提炼出属于他自己的审美理想，并能将这种理想赋予画面中的色彩和图形，组织出超越自然物象的动人图景。为参加第八届全国美术作品展，黄菁创作了《秋天的童话》，这幅画延续着他迷幻般的用色以及极富想象力的形式组织能力，他巧借儿童的图式，把动物、人物、植物和自然景物穿插于点线之间，隐含于斑斓闪动的色彩空间之中，若隐若现，似有似无的与观者共同游戏于孩童呓语之中。这幅画的灵感来自于黄菁辅导过的一次儿童画展，儿童的许多精彩图式直接影响着具有洞察力的黄菁，启发着艺术家对往事情景和心底至纯境地的想往。这说明黄菁敏锐于周遭图像资源刺激，并且具有智慧的选择和运用的胆略。创造性的成就了这幅作品的诞生。

我们常说，艺术家是生活的歌颂者或者是批判者。但我认为更应该是生活的创造者。画家的作品不是仅仅还原生活和直观的反映这个世界的景象，画家最重要的也是不可取代的价值就是把他心目中的独特景象呈现出来，为这个世界增添图景。我认为黄菁在这一点上是做出了贡献的。

“1997年，黄菁画了《自然之召唤》（入选首届中国油画学会展），这幅画画的是窗子内外的不同景象，是继1987年的《临窗》之后的又一幅有窗子的作品，正是这幅画，开始了黄菁后来一直沿用的窗子的符号。窗内有三束花，基本是具象写实的画法，而窗外则是符号化了的景物，山、树、草丛等都是抽象化、符号化的造型，有雷东和克利式的梦幻，让人难以捉摸的是，窗外草丛旁露出一个白色的人脸，他扬起了手，按画题“自然的召唤”，它是自然的化身吗？这是一个精灵的出现，使得画面的

神秘色彩更为浓郁。

此后至今，黄菁便以窗口为题，画了大量的作品，有静物、风景、人物、人体，窗口像是舞台的帷幕，它拉开了各式各样的剧情，而黄菁的“有窗的风景”也在全国的油画届有了他自己位置和很高的视觉语言认可度。”（孟远烘语）。

黄菁作品的神秘主义倾向在于物象的符号化，它来源于现实却又极为内心化，这些内心化的体验成果介于具象和抽象之间，现实与梦幻之间，超越了物象的自然属性，而具有形而上的光辉，表现出艺术家独有的，其他人无法替代的一种内心的抒情，而且也体现出画家的感性敏锐度。同时，黄菁在画面组织方面更有极高天赋，他在形式语言的研究上下了很大的功夫。在这点上也可以说他是一个具有理性精神的歌唱者，感性与理性天衣无缝的结合，就如同一个音乐的演奏者，他的天性必须合乎于规定了的节拍与曲调，才能真正达成高水准的艺术表现状态。

我们在黄菁的作品中总是能察觉到他经营画面的痕迹，但同时又不会觉得他的经营压制了他独特的感性气息，生活中的元素和物象总是那么合乎画理的出现在该出现的地方，理想与现实也总能得到恰到好处的处置与巧妙的融合。

黄菁中意的题材中有荷花的主题，这一中国画家喜欢的图式最容易落入俗套，但荷花在黄菁的画面解读中创造性地焕发出别样的光彩。他画中的荷花既饱含着生活的清新鲜活，又仿佛散发出佛道的禅意，花的形态已随着画家内心的过滤，幻化为全新的审美意象。一件平常的事物在黄菁那里已经被注入了绘画本体的新生命。有人称其为“黄氏荷花”。能赋予一个最普通的物象那一点点属于自己的个人色彩，这是一个艺术家最难做到的事，也是最值得去做的事。

一件物品，人人都可以画，要想画得真正的与众不同，没有一点语不惊人誓不罢休的劲头是不行的，而光有勤奋没有天份还是会落俗套。黄菁的独特表达方式得益于他看世界的角度和

黄菁 元宝山的傍晚 65×65 布面油画 2010

黄菁 窗前有秋绿 80×80 布面油画 2012

认知的深度。正如他所思考的："艺术必须超越现世的是非纷争，去营造一个新的意象世界。""艺术品要具有非人间性，也就是神性。""所有的那些过往的大师作品都是来自于现世又超越了现实的。""如林风眠、黄宾虹、八大山人、雷东、米罗、莫兰迪，他们的画都具有神性，好像来自于另外一个世界，是宇宙天外降临到地球的，我们未曾体味过的图景。他们都不骂人，也不怨人，他们只是在呈现内心的独特意象和发出有意味的声响。"黄菁的作品也多多少少让我们体察到了他所想往的境界，不管是他的"有窗的风景系列"、"荷风系列"还是"南方喀斯特田园系列"以及他所画的人物画中都透露和闪现出那飘溢的禅意和神性光辉。

黄菁的"有窗的风景系列""荷风系列"，正是这一类的探索，在作品中隐约地看到了他出于直觉性的体验感悟逐渐占了上风。自然形态在他笔下趋于人格化，诗意化了。妙明灵慧之心与自然生命已经融洽，相互交映，更显纯净。"（高峻语）

近几年，黄菁正着迷于中国古代壁画和中国的历代山水、花鸟、人物、陶瓷、书法、篆刻以及民族民间的图像研究。至此，他的画风也随之有了些许的变化。他看油画少了；看中国的作品多了，作画用颜色少了；利用固有色的浓淡变化多了，关注光影少了；平面表现多了，画面中跳跃的因素少了；平和含蓄的成分多了，塑造的笔触少了；随性泼洒的痕迹多了，中国目前所谓的主流习气少了；他自己的表达意趣和声响多了。总之，黄菁一直都在做自己的实验，一直不满足于已有的状态，一直在追寻和试图慢慢地靠近他认定的理想境界。如高峻先生在他的《梦禅之美》一文中提到的："由繁至简是黄菁对来自西方的造型与色彩表现力的自觉吸纳以及过滤提炼过程。是从光影扑朔到色斑变幻以及对笔触机理的迷恋执着后的一次梳理。""他骨子里对中国文化的钟爱，让他像生物摆脱不了基因的控制一样，正是这契机促成他实现了一次质的转化。在敦煌壁画、篆刻书法、古帛瓷器的感悟下，他把因心造境的文人画精神以及独与天地精神往来的庄子思想融入了他的画笔。一时间，浓重复杂转向了明朗简净，以往画面上明显的构成设置和添补修饰转为了以随心、率性、写意所取代。”

他最近画的一批桂林漓江山景的作品代表了他又一次的新探索，这充分反映了他的不断进取的良好状态。桂林的山山水水早已融化于黄菁的灵魂深处，而此时再幻化出来的图景就已经更具他特有的表现风范。似桂林又非桂林，黄菁画的是他心中重塑的山水桂林，是艺术家靠情感与智慧提炼出的山水桂林。就如同吴冠中先生谈及他画江南村落时说的：“这属于我自己创造的村庄，其实并不存在，或者确切地说，于我心目中处处存在。”

经过十多二十年的积累，黄菁绘画作品可归为几大题材，“有窗的风景系列”、“荷风系列”、“桂林山水系列”、“三江侗乡系列”、“北部湾系列”等几大系列。除了这几大系列之外，还有一些小品系列也是黄菁喜欢画的，比如：过去的“木偶系列”、“陶罐系列”和近段的“古意系列”。这些具有实验性的作品有时候都没能拿出来展出，所以都不太为人所知。或者是他自己认为还不太满意，所以藏在深闺没得见公婆。黄菁的小品很漂亮，在他看来有时候只是随手画的小实验或者是即兴探索而已，但这些小品真实地反映出黄菁内心的审美观和世界观，这往往是艺术家长期思索和一朝闪现的灵性光辉。是难能可贵的、并且是不可多得和不能重复的神品或逸品。我看到过黄菁平时画的不下几百幅的草图和画稿，有些小画已经是很完整的作品了，这些平时积累的实验性的画作充分说明，一个优秀的艺术家的成功必定是厚积薄发状况，而且，没有勤奋的数量累积是无法登上金字塔顶峰的。

黄菁的这个范例在广西乃至全国都是很值得研究和探讨的案例，从性格、为人处世、学习方法、成长经历到题材、造型、色彩、构图、技法表现、意境营造、审美趣味、传统借鉴以及画品格调品鉴等方面都需要我们分别加以研究。

黄菁 喀斯特田园之十八 70×80 布面油画 2012

黄菁 窗前有清香 100×100 布面油画 2011

黄菁艺术简历

黄菁，男，广东省汕头人、汉族。

1956　出生于广西柳州。

1982　毕业于广西艺术学院美术系，同年留校任教。

1986　结业于中央美术学院第二届油画研修班。

现为广西艺术学院美术学院教授，中国美术家协会会员，广西美术家协会常务理事，广西油画学会副主任。

主要代表作有：《有窗的风景·雷潭碧水》《有窗的风景—遇龙河边的早晨》《有窗的风景—漓江边》

1982　油画《苗山春》参加广西少数民族风情展（北京）

1986　油画《佛与琵琶》等18幅作品参加广西五人作品联展“开始画展”（南宁）

1987　油画《射击》参加广西建军作品展（南宁）获广西三等奖

1988　油画《花》参加广西美术作品展（南宁）

1988　油画《临窗》参加首届中国油画展（上海）

1989　油画《南方》参加第七届全国美术

作品展（南京）

1994 油画《秋天的童话》入选全国第八届美术作品展获广西三等奖

1994 油画《河边》参加第二届中国油画展（北京）

1995 油画《天外飞来的蝴蝶》参加广西油画邀请展（南宁）

1996 油画《自然之召唤》参加中国油画学会展（北京）

1997 油画《红色寓言》《纸折的鸟》参加广西油画精品展（南宁）

1999 油画《海边》参加庆祝中华人民共和国建国五十周年美术作品展获广西一等奖

1999 油画《海边》参加全国第九届美术作品展（北京）获广西一等奖

2000 油画风景写生系列参加广西贵港·来自太平天国故乡的写生作品展（北京）

2000 油画《山晨》参加中日“森林、水、人”为主题的绘画大展获佳作奖

2000 油画《秋天》参加中国美术家协会举办的五省美术作品展获金奖

2001 油画《荷》系列参加艺术学院院庆作品展

2001 油画《西山风景写生》系列参加广西油画邀请展

2001 油画《东方红》参加建党80周年全国美术作品展（北京中国美术馆）获广西一等奖

2002 油画《蛙声》参加纪念延安文艺座谈会上的讲话60周年美术作品展（南宁）获二等奖

2002 油画《有窗的风景》系列参加“南方的风景”2002作品展（南宁）

2003 油画《有窗的风景》系列参加“南方的风景”2003作品展（南宁）

2003 油画《有窗的风景·雷潭碧水》参加中国美术展赴叙利亚、埃及等国家展出。

2003 油画《葵花地》参加西部大地情风景作品展（南宁）

2004 油画《碧玉漓江》等六幅作品参加

黄菁 明仕山庄 60×80 布面油画 2012

黄菁 遇龙河边的庭园 65×65 布面油画 2012

北京·第十一届中国艺术博览会。

2004 油画《有窗的风景》系列3幅参加第三届中国油画展（北京中国美术馆）获广西一等奖

2004 油画《山》参加第十届全国美术作品展（广州）获广西一等奖

2005 油画《有窗的风景—漓江边》参加第2届山水、油画风景大展（北京中国美术馆）

2005 油画《有窗的风景-雷潭碧水》参加中国油画大河上下三十年油画回顾展（北京中国美术馆）

2006 油画《有窗的风景·雁山植物园的围墙边》《有窗的风景·遇龙河边的早晨》《有窗的风景·南宁市郊的深秋》《有窗的风景·紫荆花果实成熟的季节》参加无尽江山·南北油画邀请展（北京中国美术馆）

2007 油画《有窗的风景·城市的春天》《有窗的风景·海边月色》《有窗的风景·夏天的梦》参加广西油画精品展（北京中国美术馆）

2007 参加漓江画派广西文化舟绘画作品展（马来西亚吉隆坡）

2007 在北京"世纪翰墨画廊"举办窗里窗外·黄菁2006-2007油画作品展

2007 油画《北部湾·弯月》《北部湾·海螺》《北部湾·晨》《北部湾·中秋》参加广西"新时代、新广西、新画派·漓江画派作品大展（北京中国美术馆）

2008 油画《雕塑教室》之二入选小型油画写生展（上海）

2008 油画《中秋》参加"美丽的北部湾美术作品展"（南宁）

2008 油画《大树下》、《秋山》参加漓江画派赴法国巴黎5区左岸艺术空间"广西油画展"

2008 参加"中、德、美三国18位艺术家

黄菁 春播时节 80×80 布面油画 2012

黄菁 树下的村落 70×70 布面油画 2012

纸上互改作品展”（美国俄亥俄州辛辛那提市）

2008 油画《漓江印象》三幅参加“画布上的漓江”写生展（南宁）

2008 油画《放松》艺术学院70周年展（南宁）

2008 油画《戏海》等十五幅作品在上海妙心画廊举办禅梦·黄菁油画作品展（上海）

2008 油画《雁山黄昏》自治区50周年展（南宁）

2008 油画《羊群》《沙痕》《树之魂》等3幅作品广西书画院西北写生展（南宁）

2009 油画《年复一年，日复一日》参加第十一届全国美术作品展（武汉湖北美术馆）

2009 油画《年复一年，日复一日》发表于《中国油画》09年第六期

2009 参加中央党史研究办策划的《伟人的足迹》遵义写生活动

2009 参加中央党史研究办策划的《伟人的足迹》油画写生展（中国美术馆）（有画册）

2009 参加德国慕尼黑举办的二国国际艺术展，获艺术创新奖

2009 参加中国油画学会组织的中国西部甘肃甘南写生活动

2009 参加山西大同市组织的中国油画名家漫游三晋写生活动。

2009 在上海莫干山东篱画廊举办了黄菁油画作品展。展出作品24幅。（有画册）

2009 参加广西美协与河南省美协共同组织的两省艺术家写生活动。

2010 在南宁东盟美术馆举办《黄菁油画作品展》

2010 河南广西美术作品展

2010 油画《休渔的日子》之一、之二参加山与海·漓江画派走进防城港美术作品展

2010 油画《元宝山的晨曦》《元宝山的黄昏》参加美丽融水·画家眼里的大苗山美术作品展

2010 油画《漓江印象》两幅参加漓江画派赴澳门美术作品展

2010 油画《漓江印象》两幅参加漓江画派赴香港美术作品展

2010 油画《巴厘岛》参加庆祝中国——东盟自由贸易区建成暨第七届中国——东盟博览会召开美术、书法、摄影精品展

2010 油画《年复一年日复一日》参加庆祝广西文联成立60周年美术、书法、摄影精品展

2010 油画《画室》入选中国油画学会主办的油画艺术与当代社会油画作品展

2010 水彩作品7幅参加流水欢歌、天赋灵气——中国水彩画名家广西行暨写生作品展

2010 纸本水墨展

2010 研究生构图课程创新项目学生实践作业汇报展

2010 《话说渝北》全国油画名家作品展

2010 参加油画学会和中央党史办组织的庆祝中国共产党成立90周年的写生活动

2011 参加中央党史办组织的明仕田园写生

2011 参加广西书画院组织的井冈山红色采风写生

2011 在798龙艺榜画廊参加山水灵心之二·当代中国风景绘画4人作品展

2011 参加广西文联和美协组织的建党作品展

2011 参加广西书画院组织的红色写生作品展

2011 参加党史办在北京举办的建党周年写生作品展

2011 赴欧洲艺术考察

2011 参加湖南张家界写生

2011 在798龙艺榜画廊参加艺禅偶记油画4人作品展

2011 带学生到河南太行山写生

2011 参加美术学院太行山写生作品展

2011 参加美术学院雁山校区教学示范周活动，并作写生示范

2012 完成广西重大历史题材创作《桂系北伐》

2012 参加美术学院水彩学科展

2012 参加美术学院纸上欧洲手稿展

2012 参加广西艺术学院少数民族题材展

2012 参加纪念阳太阳103周年油画写生展

2012 参加广西书画院30周年展

2012 入选第十届全国水彩作品展，获优秀奖

2012 工作室教师、学生作品展

2013 美术学院油画系教师双年展

黄菁 边城古镇 75×90 布面油画 2012

黄菁 蓝梦 80×80 布面油画 2012
黄菁 夏荷之趣 100×100 布面油画 2011

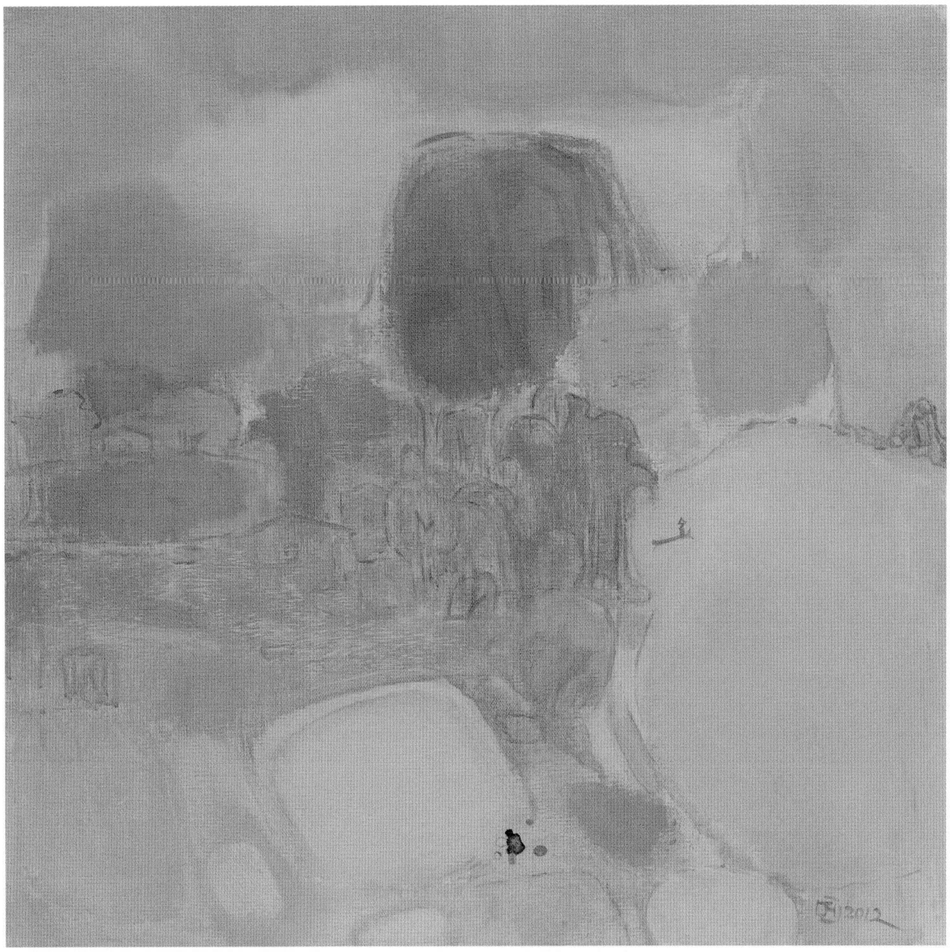

黄菁 试手古意之三 40×70 布面油画 2012
黄菁 雁山夜话 55×60 布面油画 2012

黄菁 喀斯特田园之十二 65×65 布面油画 2012
黄菁 中国古意之二 80×80 布面油画 2012

黄菁 冬有绿意 60×80 布面油画 2012
黄菁 金色侗乡 140×170 布面丙烯 2010

黄菁 喀斯特田园之十九 65×65 布面油画 2012
黄菁 兴坪乡景 70×70 布面油画 2012

黄菁 喀斯特田园之十四 70×80 布面油画 2012

黄菁 庙门前村好阴凉 70×80 布面油画 2012

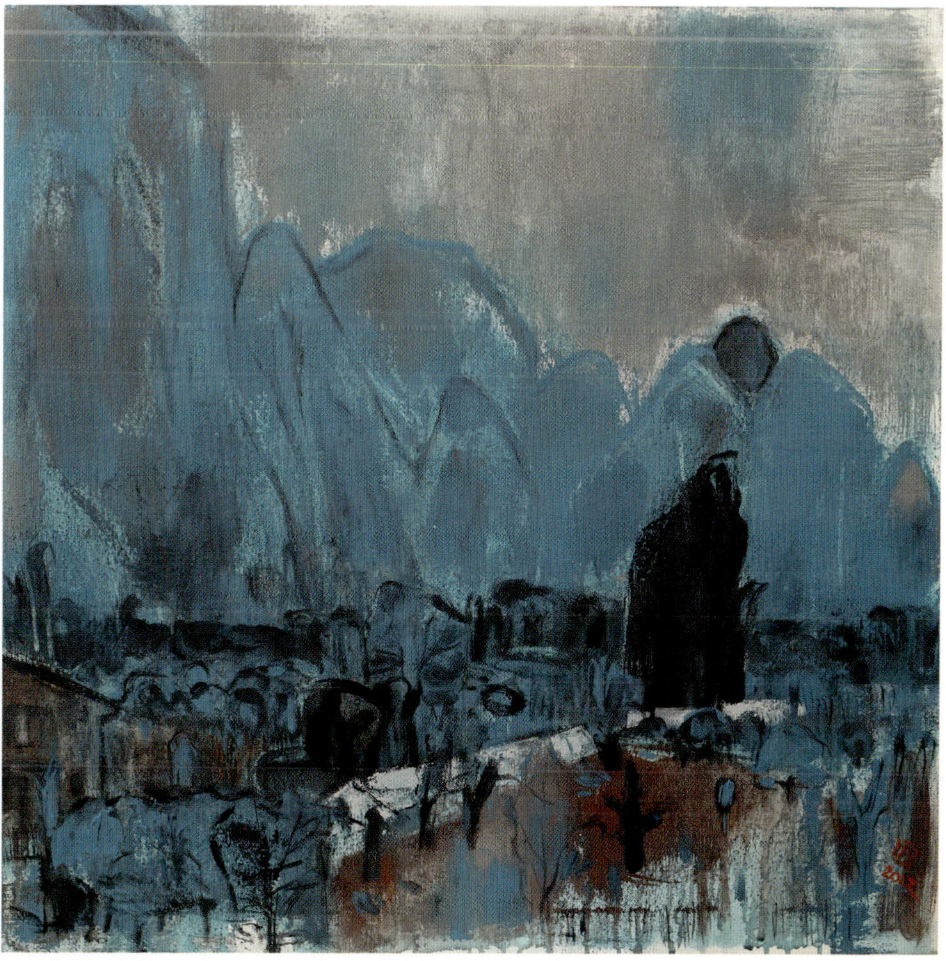

黄菁 山如铁 70×70 布面油画 2012
黄菁 雨过山更清 70×70 布面油画 2012

黄菁 喀斯特田园 70×80 布面油画 2012

黄菁 农家庭园 70×80 布面油画 2012

黄菁 明仕甲桂林 70×70 布面油画 2012
黄菁 有无之间 80×80 布面油画 2011

黄菁 遇龙河边的田园 70×80 布面油画 2012

黄菁 柳州有个鱼峰山 55×60 布面油画 2012

黄菁 花之山 100×100 布面油画 2010
黄菁 灵渠古桥 70×70 布面油画 2012

石　煜

【凤池观察】一次应戴先生之约，初次认识石煜先生，席间的交谈中感受到这位央美才俊的不同凡响；三月前在中间美术馆《各色·石煜画展》上初次与其作品面对面，画面的震撼印证了初会时的不同凡响。《北京晚报》说："从石煜的作品中可以很清晰地看到，他是一位对生活饱含激情与冲动的，同时又不失沉着的青年艺术家。他背负了画家应有的社会责任，略显沉重，却让他的作品多了几分耐品的气质。"说得很有社会性，然说得确实有些沉重，我感觉在这个你个画罢我个画的写实美人悦目的氛围里，石煜的画面呈现出来难得的清凉提神，是超越低级表象之外的精神意趣传神再造，确实"与丑不同"且具大家手笔，相信正值40之时的石煜先生所表现出的这种大家气质必将铸就其未来的艺术辉煌，市绩表现自不用说——这样艺家艺作才是真正有实力的大藏大买家所喜欢与珍藏的。

视域融合与争执

——读石煜的画

文/彭锋

认识石煜有好些时间了。曾经在央美油画系特劳蒂班上看过石煜画写生，模特就是意大利著名油画家特劳蒂。只见石煜挥舞他的大刷子，横竖几笔涂抹就勾勒出大致轮廓。由于时间关系，我没有继续看下去，也不知道那幅画最终是一个怎样的结局。但是，石煜给我留下了画画特快的印象，可以说是逸笔草草，不拘形似。后来在好几次展览上看到石煜的作品，巩固了我对他的这个印象。

然而，我的这个印象却是错的。去年冬天去他工作室看画，在集中看完多幅作品后，感觉到他的许多作品并不是一气呵成，而是反复修改的结果。我从他的画中看到的更多的是纠结，而不是洒脱。通过谈话知道他始终受到两种力量的牵引，这两种力量没有让他左右逢源，而是有些左右为难。一种力量是石煜父亲和无名画会的影响，另一种力量是中央美院所代表的学院派的影响。

石煜父亲是无名画会的成员。无名画会的成员对绘画有一种近乎宗教的情怀，他们坚信绘画表达的是画家对自然的真实感受，这种艺术主张与中国传统文人画的美学一脉相承。传统文人画推崇写意，这里的“意”一方面指画家内心的意趣，另一方面指大自然向人呈现出来的意味、意象和意境，因此写意画一方面接近表现主义，另一方面接近印象主义。在中国传统美学中，主体与客体，人与自然从来就没有被截然分开，艺术家在进行自然表现的同时也是对大自然的意味的揭示。但是，“意”还有另一个方面的含义，或许可以称之为意志，即卓然独立的艺术精神，这种精神让无名画会的成员对绘画有一种异乎寻常的崇敬，这种崇敬让无名画会的成员尤其推崇绘画的格调。石煜从小生活在无名画会的氛围之中，对父辈的艺术主张耳濡目染，借用伽达默尔（Hans-Georg Gadamer）的术语来说，形成了他自己根深蒂固的对艺术的“前理解”（prior understanding）或“偏见”（prejudice）。

石煜顺利地考入中央美院附中，然后是本科和研究生，毕业后留在美院任教，从此没有离开中央美院油画系。以中央美院油画系为代表的学院派对绘画的理解与无名画会有很大的差异，以至于石煜从一开始就对学院派的艺术主张将信将疑。为了便于说明问题，我们权且将无名画会与学院派对立起来。无名画会与学院派之间的对立，可以体现为中西之间的对立、人文与科学之间的对立、趣味与技术之间的对立等等。身在学院之中的石煜，自然无法摆脱学院的影响；但是，在学院派中形成的对绘画的“理解”（understanding），又始终受到在无名画会中形成的“前理解”的调和。这两种势力在石煜那里几乎势均力敌，构成黑格尔(G.H.F. Hegel)意义上的正题(thesis)和反题(antithesis)。

石煜的绘画所体现出来的疑惑或纠结，在根本上源于无名画会和学院派所代表的两种艺术主张之间的不可调和，进一步说，源于中国传统艺术观与西方现代艺术观之间、有关艺术的本能兴趣与科学训练之间的矛盾冲突。作为艺术家的石煜和他的画，都是这种冲突的产物。

如何来理解这种产物？在伽达默尔的解释学中，真正的理解都是视域的融合（fusion of horizons）。

作为艺术家的石煜和他的画，可以说是无名画会与学院派、中国传统与现代西方、艺术本能与科学训练的视域融合的产物。在这种视域融合中，两种视域形成对话，并在对话中达成妥协。如果我们把石煜这个案例放在黑格尔的哲学中来解读，无名画会和学院派所代表的正题和反题就不是温和的对话，而是激烈的冲突。它们不是在对话中达成和解，而是在冲突中形成悲剧，通过悲剧冲突扬弃各自的缺陷而达成更高级别的真理。我更愿意用海德格尔（Martin Heidegger）的艺术观来解读石煜现象。在《艺术作品的本源》（The Origin of the Work of Art）中，海德格尔从世界与大地之间、去蔽（unconcealment）与遮蔽（concealment）之间的争执。对于海德格尔来说，相持不下的争执，才是艺术的魅力所在。正是这种相持不下的争执，抵制我们的概念化和同一性（identity）思维，将艺术呈现为独一无二的事件（event），而不是再现（representation），让我们在艺术事件中进入存在。海德格尔对艺术的这种理解，实际上是对中国传统美学的一种回响。当中国画家在虚实之间、似与不似之间玩味的时候，其实他们也在追求一种僵持不下的争执，通过这种争执而将我们带入存在，让事物本身出场。

石煜的案例也印证了巴特（Roland Barthes）感叹：“与丑不同，美真的是无法解释的。就像上帝（或者空）一样，只能说：我就是我（I am what I am）。因此，话语只不过是去断言各种细节的完美，而将‘剩余者’归之于处于所有美之根底的那个密码：艺术。”有关石煜绘画的所有解释都是通向他的艺术密码的线索，只有在我们亲见作品时所遭遇的抵抗与和解中，密码才有可能被破解。

石煜 三尊 110×110 布面油画 2013
石煜 咏者 180×80 布面油画 2013

游戏

文/石煜

当人类从远古走向今天，那些纵横交错的变迁和深重悠远的历史足迹，铸成了今天庞大壮阔又令人汗颜的文明社会，而文明社会的规则始终存在其最不文明的一面，你若想了解一个时代是在前进还是在没落，就一定要去看那个时代的文艺作品，你会发现你要的所有答案都在里面。

在这里我很遗憾地说，当代中国的艺术真的无法像国人在奥运会上那样风光体面。众所周知，国人肯吃苦，勤劳能干又心灵手巧，可惟独缺乏人文情怀，我们无愧于“不富诗意的帝国”的称号，这就是说我们在俗世里勇往直前、不畏艰险，可以在世界摸爬滚打开辟出一番天地，但却忽视了那俗世之上的世界，那里才是创作的真正源泉，是令丑陋恶俗也可变为艺术的地方，只是又有多少人能够窥见得到呢？这也是我感到教学越发艰难的原因，教授艺术不像教授数学历史，多年累积的经验会使你驾轻就熟、与时俱进，教授艺术尤其是绘画，随着时间的推移反倒令你不断的反思自己以及整个社会。时代变迁令社会的各个层面发生着变化，这一点毋庸置疑，我们不与已成定局的事争执，然而我总是会想起最初学画画时候的情景，那时的我绝对是抱着对艺术的敬畏以及对大师们的崇敬之心，因而画下的每一笔都是纯粹的用心的，我以为精神世界的饱满才是人类应该追求的地方。

正如我们所见到的，文明社会还在

继续前进，我们生存的环境在迅速的变化，但越是这样的物质社会，我对学生的期望越不是他们毕业之后能够迅速的功成名就，那不是学艺术的最终目标，可以说那根本就与艺术无关。我作为一名教师所能做到的仅仅是身体力行地引导他们走向正确的艺术创作道路，如果一个孩子在还未走进大学校园前就被灌输如何更快的在成人的世界里追名逐利，那是多么可悲的一件事啊，那他还不如直接去炒房地产或者考公务员，比辛辛苦苦背着画箱、这一笔那一画来的容易的多。即便我是他们的老师，也无法在教学中改变他们的价值取向，那是体制带给他们根深蒂固的念想，何况这个社会，没有人会认为财富荣耀不是好的东西，如果你去阻拦，反倒会被人认为是异类。

中国正处于市场繁荣的阶段，只要是你想得到的都可以做成“市场”，所以我认为艺术市场的关键词是“市场”，而非“艺术”，这也是我前面提到过的凡是与名利挂钩的事物均无关艺术，那只是文明社会发展到今天的游戏规则，是必然的不为人的意志转移的，凡是市场范畴内的事物就都应符合价格规律，受着全球一体化的影响，符合市场的一切特性。那么，艺术市场也应该拥有这些特点，艺术品理所当然的成为了商品，在某种程度上与汽车、手机或者牙刷等等是一个性质。这里我说的“某种程度”是很微妙的，因为画家在创作的时候有他的坚持，批评家在批评别人的画时又有他的想法，我说这张画也就跟马桶垫的价值一样，他就会跳出来破口大骂我不懂艺术，中国不仅人

石煜 夜游 80×100 布面油画 2011
石煜 恒河子民之五 25×18 布面油画 2013

多，每个人的观点也多，可是，这场游戏的主导是谁呢？关键词是市场，那么主导游戏的一定是手握金钱的那个人，没有钱，这场游戏也就是场梦了。

作为一个以艺术为生的我已经可以讲出许多关于市场的事，可见市场经济已经渗透到了社会的各个领域，那么艺术对于我又是什么呢？我实在无法将艺术市场剖析成艺术的市场，那么下面我只谈艺术，与市场无关的艺术。

我认为艺术是人类与生俱来的天性，是人类渴望挖掘灵魂的载体，当我们发现一个民族已丧失对艺术的追求而只在意如何利用艺术获利的时候，是件多么可怕的事情呢？那代表我们已经放弃了那俗世之上的世界，我们心甘情愿做了行尸走肉。说到这里，一定会有许多人站出来举着拳头大喊：没解决温饱还空谈什么艺术？物质决定一切，可是不能让物质决定了人心和人性。艺术是穿越的包容的，是任何状态下都可以存在的，我所谈的艺术与吃饭穿衣并不冲突，艺术是种永恒的精神，而不是狭义上理解的因为卖不出画赚不到钱最终只能饿死的艺术。如若罗列那些为了艺术而饱受折磨的伟大的艺术家们，就未免显得有些矫情了。

我画“夜•都市”这一题材已经将近一年，在这一年中，每当日落我都不断在闪烁的霓虹灯和刺目的远光灯下捕捉那些落寞的身影，日复一日，我发现无论寒风凛冽还是烈日酷暑，那些背影都不曾改变，无论是行走着的，还是骑摩托开汽车的，抑或是挤在公交车内的，他们仿佛是同一群人，奔向同一个目的地，一簇又一簇，经过我面前又消失在远方，在那些闪耀的灯光下影影绰绰，仿佛水中倒影般易碎、难以捕捉。逐渐地，我开始怜惜这群不知去向的人，我一遍又一遍画着，仿佛在追寻着他们的足迹，这些生活在都市里的人群，有着什么样的来历？受着什么样的苦？有过怎样的童年经历？又企盼何种未来呢？我细心钻研他们的心理，仔细用画笔描绘黑蓝色闪着星光的夜空，我在马路中央观望车来车往，我行走于尘土飞扬的环路边，最终我明白了，其实我也是这些鬼影中的一分子。

原来，我们都真切地活在这个尘世中，我们需要遵循各种游戏规则，我们恨不得从生下来就得学习、运用和掌握这些规则，就像数理化的方程式一样，错了一个步骤就有可能得不出结果。所以那一群又一群的背影如此相似，没有丝毫的差别，都是经过打磨和鞭策，才能形成如此统一的生存状态，每一个人都在尽全力地维系按部就班的状态，不敢有一点闪失，这是为什么呢？因为有更多的人还在眼巴巴地渴望这种按部就班的生活。

在中国，随着人文水平的倒退，艺术所能带来的正面的精神力量早就随着扭曲被弱化了，不知何时，曾经信誓旦旦的艺术人也会妥协于按部就班的生活，就好比氢原子加氧原子一样不用变化，只要得到那个既定的结果便可，一个健康的良性的适宜艺术发展的社会应该是自由的充满活力的，艺术家的个性发展是不应受到压制和阻挠的。

可惜的是，许多有想法有作为的艺术家在这个充满规则的时代背景下逐渐被排斥，不是你不能展现个性，而是你展现了也没有一个健康良性的艺术环境培育你。大家都善于玩儿你拍一我拍一，你拍二我拍二的游戏，你偏偏应该拍二而不拍二，就直接拍了两百下，那么你一定会被视为异类，因为在当下这个社会，你执意拍两百下之后就会有千千万万个一辈子拍二的人站出来指责你怎么这么不入流，这么不懂规矩，这么异想天开。你的选择只有两种，要

石煜 众生之一 150×150 布面油画 2013

石煜 恒河子民之八 25×20 布面油画 2013

么迎合他们改变自己，要么痛苦的继续做自己。

要知道艺术的真谛不是“大一统”，不是屈服于市场的威严下，而是用纯粹的意念自由地表达，在形式和观念上需要更多拍两百、两千、两万、二十万的人的努力，如果你只会拍二，那就只剩二的可能而没有其他了。

讲来讲去，又回到原点，作为教师和作为艺术人我均感到压力和艰难，心有余力也有余，只是每每讲课或是下笔还是会受到现实的影响，想拥有非凡的创造性、摆脱方程式的束缚，并且不被游戏规则所牵绊，只有一种可能——远离尘世。身远离不是远离，心远离才是真正的远离，做一个纯粹的艺术人是何等的快活啊！

石煜 愚昧的艺术 180×150 布面油画 2013

石煜 夜奔之三(小稿2)
石煜 恒河子民之七 25×18 布面油画 2013

石煜艺术简历

1973年3月29日出生于北京。

教育经历:

1989　在中央美术学院附属中学就读高中

1993　在中央美术学院油画系就读大学本科

1999　在中央美术学院油画系就读研究生同等学历

工作经历:

1997　在中央美术学院附属中学任教

2002　在中央美术学院油画系任教

主要展览:

2002　中国美术馆“大西北纪实——美院师生作品展”

2004　中央美术学院美术馆“方寸之灵——石煜油画作品展”

2004　中央美术学院美术馆“纸上作品展”

2004　澳大利亚IVAN DOUGHERTY GALLERY“DOUBLE SENSE——ORIGINS IN CHINA”

2004　上海刘海粟美术馆/中央美术学院美术馆“白石•油纪——纪念齐白石诞辰140周年中国写意油画邀请展”

2004　中华世纪坛“第十一届中国艺术博览会”

2005　上海春季沙龙艺术博览会“学院•变异——2005青年艺术家油画雕塑作品展”

2006　中央美术学院美术馆“写生现相——刘商英 石煜油画作品展”

2006　上海刘海粟美术馆“再看写实——中国当代油画五十家作品展”

2006　上海/广州“纸尚 艺术关怀——京沪穗杭艺术家作品邀请展”

石煜 戏(大图) 100×120 布面油画 2011

2007 中国国家画院美术馆“意合——中国画油画学术邀请展”

2007 中央电视台“CCTV中国当代油画作品展”作品《窑洞厨房》获“CCTV中国当代油画作品展播”优秀奖，被中央电视台永久收藏

2008 北京环铁艺术馆“中国当代油画五十人联展”

2009 中国美术馆“伟人的足迹——纪念开国元勋一代伟人全国美术作品展”作品《横堂屋》《棉大衣》被中国现代文化研究中心永久收藏

2010 意大利罗马ILMONDO DELL‘ART“罗马美术学院邀请展”

2011 中国美术馆“油画艺术与当代社会——中国油画展”

2011 中国美术馆“全国第四界青年美术作品展”

2011 北京798百雅轩画廊“学院8人展”

2013 美国纽约艺术学院“来自北京——中央美术学院油画系教师作品展”

获奖：

1996 《女人体》获中央美术学院优秀作品二等奖

1997 《北京风情》获中央美术学院毕业生优秀作品二等奖

2002 《沙漠中的小村》《农家小院》为中央美术学院美术馆永久收藏

2004 中华世纪坛《第十一界中国艺术博览会》优秀作品奖

2007 《窑洞厨房》获“CCTV中国当代油画作品展播”优秀奖

石煜 恒河子民之十二 25×18 布面油画 2013

石煜 瓦拉纳西 180×150 布面油画 2013

石煜 相会 80×180 布面油画 2011
石煜 夜行人 150×300 布面油画 2011
石煜 恒河神祭之一 100×200 布面油画 2013

石煜 恒河子民之十四 20×25 布面油画 2013
石煜 恒河子民之二 25×15 布面油画 2013

石煜 夜奔之六 80×120 布面油画 2011
石煜 夜奔之四 150×180 布面油画 2011

石煜 夜奔之一 80×100 布面油画 2011
石煜 恒河子民之十一 25×18 布面油画 2013

石煜 恒河神祭之四 100×200 布面油画 2013
石煜 众生之二 80×80 布面油画 2013

石煜 夜奔之二 150×200 布面油画 2011
石煜 恒河子民之三 25×15 布面油画 2013

石煜 恒河神祭之二 90×200 布面油画 2013
石煜 夜宴 80×80 布面油画 2011

石煜 恒河神祭(小稿) 18×25 布面油画 2013
石煜 恒河子民之四 25×18 布面油画 2013

石煜 夜行人(小稿1) 100×80 布面油画 2011

石煜 恒河子民之十五 20×25 布面油画 2013
石煜 恒河子民之十三 25×18 布面油画 2013

石煜 恒河子民之一（大图） 25×15 布面油画 2013

石煜 恒河神祭之三 100×120 布面油画 2013
石煜 恒河子民之十 40×30 布面油画 2013

刘 文

【凤池观察】刘文先生是第二次上我的刊物了，四年前到现在，我们一直联系，一直交流，他常把新画好的作品传给我看，说实话我为其精神赞叹。画外的诱惑实在太多了，遇到理解的藏家他会尊重画家，尊重他保持自己的风格，若是遇到霸道的，也许就不是幸运了，说重点，可是一种灾难，不过藏家不是我们画家爱谁就点谁的，所以在既要考虑市场又要保持风格的境地里，刘文把写实的精神紧紧恪守住，可贵的是在每一次新的作品里都能融入自己的元素，在乌七八糟所谓“新写实”的一些年轻画家画作之外，葆有自己的定力，想来这是成大器者必须具有的品质。较之以往的作品，刘文更为注重人物的构成与塑造，对所刻画对象的意象作更深一步的挖掘，多了几分“软”多了几分“柔”，使之有诗意的美感，增添了画面的可读性。绘画是艺术，它要求创作者的个人修养、审美意趣、概括能力、转化手法等的综合体现，看出来刘文先生在这些方面有过常人之处，所以他画面的人物不俗，农人不土，丽人不艳，让受众精神向往。值此写实倍受藏买家青睐之际，刘文的作品一定会有更加出彩的表现，若以目前传统写实的市场状况论，单件冲破百万应在情理之中。

不断追求的意志精神

——刘文油画艺术创作之路

文/郭润文

18世纪，德国杰出启蒙作家歌德在诗剧《浮士德》中塑造了“浮士德”这样一个不断追求知识和美好理想的探索者形象，表现出人道主义、古典主义者渴望超越现实感性生命不断追求人生理想的精神生活。歌德说“浮士德身上的活力”就是人类为追求理想而生生不息、努力奋斗的精神生活。施宾格勒在《西方的末落》一书中把浮士德式生存叫做“积极的奋斗的、征服的生存”，强调浮士德精神是一种不断追求的意志精神。“浮士德”永不满足，勇于探索、不断追求的意志精神正是一个艺术家应具有的一种精神。追求作为人的一种生存状态、生命方式有很多种：可以是追求物质享受，可以是追求精神愉悦，可以是追求现世快乐，可以是追求理想的精神生活等等，人对追求的觉解程度不同，追求的目标、人生的意义就各不相同，人生的境界也就各不相同。刘文作为一个在绘画道路上勤奋而踏实、不断前行的画者，在他身上充分体现着一个艺术家对绘画艺术不断追求的精神。刘文说：“生命过程就是一个不断追求的过程，只有在自己的绘画领地永不停

刘文 小贝 60×50 布面油画 2009

滞地追求，才能让那颗因尘世所累而烦躁的心得到安慰，才能让那颗漂泊的灵魂寻找到精神的栖居之所。”

作为一个始终沿着人物写实绘画道路前行的艺术家，刘文很关注形式语言。我们知道，无论选择什么样的主题或试图表达何种观念，都应把形式语言放在第一位，因为形式语言本身既是审美的，同时也承载着观念或隐喻的指向，画家内心深切的感悟、深刻的思想必然要通过艺术语言的色彩、明暗、线条、笔触、质感、光感、空间、构图等多项因素去表现，没有对形式语言高度驾驭的能力，也就无法完美地表达出作者的视觉感受，无法完成存在于形式构造之中的、给人印象深刻的秩序的功能。艺术作品之所以打动人，毫无疑问是形式语言独特的精神气质，历史上伟大的艺术大师都是善于经营艺术语言的大师，如贾克梅蒂、拉斐尔、伦勃朗、维米尔等等。作为一个写实画家，刘文深知形式语言的重要性，小时父亲的严格训练，后来大学的正规教育，加上迷恋写实的内在要求，这些因素使他几十年不受某些风潮、市场的影响，也不因物质生活的贫乏、生活的孤寂而放弃艺术，放弃绘画语言的锤炼，特别是在广州美术学院研修班、研究生班学习期间，他潜心研究人物写实绘画，如饥似渴地从中外的绘画大师作品中吸收营养，并不断地加以实践，《冬日》《凉山彝族•组画》《女孩》《春》是他在广州美术学院学习期间的作品，从中可以看出他在对古典写实绘画形式语言研究上的最初痕迹。

艺术史是一个在传承基础上的创新史，宗白华先生在《中国艺术意境之诞生》中说：“‘温故而知新’却是艺术创造与艺术批评应有的态度。历史每向前一步的进展，往往是伴随着向后一步的探本求源。……文艺复兴追摹着希腊，十九世纪的浪漫主义憧憬着中古。二十世纪的新派且溯源到原始艺术的浑朴天真。”任何一个艺术家都不会仅仅停留在纯摹写传承的层面，在对古典写实语言掌握得比较娴熟时，都会寻求自己的绘画语言风格。刘文在艺术上的追求也体现了这种特点，他多年的苦苦探索，努力追求，最终形成了自己的语言特色，这充分表现在对意象的选择，画面结构的安排，造型节奏的处理及色彩色调和空间层次的把握中。我们从他的《像花儿一样》系列中可以明显感受到，意象的选择是现实生活中清纯的小孩或少女，画面结构采用写实的人物与平面的背景结合，使古典写实绘画三度空间减弱而趋于半平面化，在压缩浅空间里完成画面视觉图形的构筑，线条的虚实处理注重动与静的韵律与和谐，细节刻画典雅精致，色彩的涂抹、揉擦、罩染，形成丰富的肌理，画面构成元素的提纯和扩大运用，增强了视觉的强度和张力，有着独特视觉意味和精神含义，赋于平凡生活场景以温暖隽永的诗意，它标志着刘文的艺术语言走向成熟。

艺术的形式语言不完全只是一种技术，是一种本于心、感于物的精神表现手段，形式语言应当具有对精神的传达性和表现性。一个具有丰富、深刻思想的艺术家，不会仅仅停留在纯形式语言的追求上，一定会以心灵映射万象，观照具体的现实人生和对象，把艺术的表达与时代的情绪和精神联系在一起，表达他对人生事象的热切关注与生存意义的追求，使作品承载丰富的精神内涵。例如文艺复兴时期的意大利，人的个性得到重视和彰显，整个时代精神是高雅的、开放的、积极的、有活力的，社会将精神生活看做高于一切，在这样条件下出现了大批杰出的

刘文 像花儿一样之三 154×180 布面油画 2009（入选第十一届全国美术作品展并获广东省美展银奖）

刘文 时光之二 160×50 布面油画
刘文 时光之一 160×50 布面油画

艺术家和伟大的作品，我们所熟知的拉菲尔、米开朗基罗、达芬奇，他们的作品打着时代的烙印，充盈着伟大的“文艺复兴”的人文精神。艺术史评价艺术家艺术成就的高低依据是他的语言形式与精神内涵融合达到的层度。如何以写实的语言传递自己对社会、对人生的感悟，使形式与承载精神的内涵达到和谐之境，是刘文艺术追求的更高境界。

社会的转型，观念的转变，人们的生活发生着重大的变化，似乎一切都在忙乱与惶恐之中，如何立足现实、直面人生、反映深刻的社会问题成为当今艺术的重大社会课题，艺术家们以强烈的社会责任感、艺术使命感在各自的领域里“突围”，努力思考与探索语言图式对时代人的生存状况、心理期待、生命意义、内在精神生活的吻合，以期获得丰富的文化内涵和人文气息。刘文作为一个在古典主义精神中浸润颇深的画家，对人的生存状态的关注与思考自然也就成了他艺术创作的主题，以语言图式传递诗意人生的追求是其作品的主旋律。刘文说：“诗意的生活才是人类生活的本真状态，尽管‘现实充满劳绩’，但我们不可放弃对它的追求，特别是在当今的社会。”正是因为这种对生存意义的追求，他常常通过绘画诸要素的意向性掌控，将写实的人物与抽象背景、象征隐喻结合，借物抒情，营造出诗意境界，在这境界里表达自己对人生的思考。如《听海》通过描述母女的生活场景，静静地陈述一种古典的审美观念，为因人生现实性欲望无限膨胀而导致精神无根的人类寻求一块诗意的栖息之所，唤起人们对人生问题的哲学思考。《春风又绿》中小女孩站在覆盖着残雪的一堆玉

米秆垛前遥望远方，远处冰雪消融，露出嫩绿的麦苗，显示出万物无限的生机与顽强的生命力。《像花儿一样》通过三个女孩，三支黄色小花，一支飘浮在空间中连贯着三个女孩的箭兰，一字形构图，写实的人物、平涂的背景、抽象的色点符号，暖色的调子，隐喻着“无垠的宇宙万象归一”之意，在虚实相生的境相中观照人类生生不息、和谐美好的景象。刘文笔下的人物既内敛、含蓄，又清新、纯洁，没有突显的戏剧冲突、没有造作的粉饰，画面温馨、淡雅，泛着恬静的诗意，所有的喧嚣尘埃都在静静的、纯净的诗意中消解。艺术家的生活就是基于现实又超越现实的生活，创造慰藉人心灵的理想世界，纵观刘文作品，我们可以看出一个画家对生活、对人类的热爱，对理想境界的追求。

艺术需要有敏锐的直觉，艺术直觉既包括艺术语言的直觉感悟，也包括社会生活的感悟直觉，艺术直觉是艺术修为不断磨炼的结晶。刘文，不善言辞，但在艺术追求上却善悟、善行，几十年的历练，使他的艺术境界已经达到了一个高度。作为他的老师，我见证着他在艺术追求之路上一步步提升的足迹和坚强的意志与精神。近年来刘文的作品被中国美术馆收藏，连续在国家级、省级各级展览中获奖，但他并不因此而自满，相反，他把这看成是对他艺术追求的嘉许与鼓励，使他更坚定地在自己选择的艺术道路上不断地追求下去。

刘文 雨夏 100×100 布面油画 2012（入选鼎新华南-吾土吾民油画邀请展）

刘文 静物 80×65 布面油画

绘画中品味人生

文/刘文

利用手中之笔来描绘品味生活是一件让人着迷的事，一个个生活瞬间的展现，一切可以引起视觉冲动和想象的图景，都会或多或少地冲击着我的神经，使我舞动着画笔、画刀、颜料书写、记录，即使是只言片语，这个过程常常使我亢奋，不知疲倦。

我喜欢在中外写实油画大师的作品中揣摩造型、构图、色彩等技艺，努力在写实语言中吸收营养，与自己的个性、兴趣融合，通过具象的人物与平面抽象化背景融合，象征隐喻的物象与人物呼应，现实情景与浪漫情调相结合，在画面中去体味、去挖掘生活与人生的意味。《像花儿一样》《女孩》《仲夏之梦》《夏日记忆》、《雨夏》《听海》等作品都是其体现。《听海》是我作为书写对自然的崇拜和人的礼赞，把人物作为主要审美观照对象，场景作为人物生命活动得以展示的空间，通过人物与场景的融合，构建出一个充满诗情画意的境界。对人物的描绘利用轮廓线的运动趋向，完成古典式的构筑和视觉图形。画面左侧小女孩背靠椰树弯曲的轮廓线，跃过与右侧母亲的头部的空间距离，接连成相互呼应，有节奏感的视线。小女孩双眸甜蜜微闭，背靠椰树陶醉于远方的涛声，右侧母亲凝视前方，举着的手与手交叉，屏气聆听。母亲端庄成熟、幽雅恬静的神情与小女孩的天真纯洁、陶醉欢快的神态呼应。略带抽象的赭灰色的广阔天空，在不同方位频繁不断地闪烁出亮黄或深赭的色痕，时强时弱，化做彩色的空气，轻轻地飘浮在画面优雅的时光里，弥漫出温暖的气氛。整个画面委婉而抒情，展现出的是一种温馨的世界，在这世界里品味着

一种诗意的生活、本真的人生。

创作过程既是品味生活人生的过程，又是不断提升艺术境界的过程，因创作思想的变化而对早先设计的小稿画面不断调整，人物的安排、背景的处理、色调的选择经历了否定又否定的过程，当创作完成时，早期的创作构思与完成作品时的效果面貌常常不吻合，但境界却有提升。如《孙中山》的创作，在历时两年的创作中，对初稿的改动不下五次，两年后完成的作品与最初时的设计已经面目全非了，但画面意蕴却更丰富深刻。

绘画是我主要的生活，是我生命中不可缺少的重要组成部分，我觉得我很幸运，工作、学习、生活都与自己钟爱的画有关。教学时给学生讲授艺术一同探讨绘画的方方面面，其乐无穷；没有课时，或看展览、或与朋友看画谈画，获益匪浅；除此之外就自己在家里画室里，一边欣赏音乐一边潜心创作，有滋有味。我的生活几乎每天都泡在画里，在画里品味生活、品味人生，提升画境。

刘文 大山水之二 80×100 布面油画 2009

刘文 夏日记忆之八 80×50 布面油画 2010

刘文艺术简历

刘文，生于四川，1989年大学毕业，广州美术学院油画系研修班结业，广州美术学院油画系硕士研究生毕业，获文学硕士学位，现为深圳大学美术系教师，中国美术家协会会员，广东省美术家协会会员，广东画院签约画家

收藏：

《像花儿一样之一》中国美术馆收藏；
《少女》《红衣少女》香港亚洲艺术基金会收藏；
《清韵》诚丰美术馆收藏；
《像花儿一样·姐妹之三》深圳报业集团收藏；
《轻音》“第三届‘风景·风情’全国油画人物画作品展”组委会收藏；
油画作品被中国，新加坡，加拿大，美国等收藏家收藏。

联展与获奖：

2013 在南方·具象绘画研究五人作品展
2012 《雨夏》入选“鼎新华南·吾土吾民油画邀请展”
2012 《像花儿一样·姐妹之一》获“广东省首届高校油画作品学院展”银奖
2012 《凉山组画》等南方新写实主义油画邀请展
2012 第三届海峡两岸艺术家美术作品交流展
2012 《少女》《红衣少女》入选“香港首届国际华人油画写生大展”
2011 《革命先声-孙中山在黄埔军校》入选文化部主办：百年风云·壮志丹青——纪念辛亥革命100周年美术作品展
2011 入选百年风云·广东近当代重大

刘文 像花儿一样之五 158×200 2010(中国百家金陵画展2010油画作品展)

历史题材美术作品创作工程

2011 《孙中山》入选“百年风云——广东近当代重大历史题材美术作品展”铜奖

2011 《像花儿一样·姐妹之三》入选“艺术家眼中的当代中国·中国油画艺术展”优秀奖

2011 广东画院作品巡回展。江西

2010 《像花儿一样》获“第十五届全国“群星奖”、广州市美术作品展”金奖

2010 《像花儿一样之五》入选“中国百家金陵油画作品展”

2010 《像花儿一样之四》入选“上海世博会中国美术作品展”优秀作品展

2010 “东方·西方”——美国加州圣地亚哥中国艺术展

2010 海峡两岸艺术家美术作品交流展

2010 广东当代油画家作品邀请展”

2010 穗港澳油画作品巡回展。

2010 广东画院作品巡回展。云南

2009 建国60周年广东省美展

2009 广东画院50周年作品展

2009 建国60周年广东省美展

2009 《朝花夕拾》入选“挖掘·发现——全国油画新人展”

2009 《像花儿一样之三》入选“第十一届全国美术作品展”

2009 《像花儿一样之三》获“建国60周年广东省美术作品展”银奖

2009 《小辫儿》等六幅入选“首届全国美术名家作品邀请展”

2008 《像花儿一样》入选“第三届全国青年美术作品展”

刘文 圩日 100×100 布面油画 2012

刘文 像花儿一样·姐妹之一 160×130 布面油画 2010(获广东省首届高校油画作品学院展银奖)

2008 《像花儿一样之一》入选“纪念中国改革开放三十周年全国美术作品展”优秀奖

2008 《轻音》入选“第三届‘风景•风情’全国油画人物画作品展”

2008 《守望家园》入选“第三届中国美术院校师生作品展”

2008 广东画院作品巡回展。贵州

2008 第三届广东美术大展

2008 重释当代•四川美术学院广州美术学院研究生作品展

2007 中国岭南油画(穗港)小幅精品展

2007 中国岭南油画雕塑当代精品展

2007 研究具象•广东当代油画十九人

2007 《阿米子》《梦》入选“中国美术家协会第二十次新人新作展”

2007 《女孩》入选“第二届中国美术院校师生作品展”

2007 《春》入选“融合与创造•2007中国油画名家学术邀请展”

2007 《天边的云》入选“原点•中国当代艺术邀请展”

2007 《老者》获“中国岭南油画(穗港)小幅精品展”优秀奖

2006 《三月》入选“精神与品格•中国当代写实油画研究展”

2004 《冬日》获“广州美术学院王嘉廉奖学金获奖作品展”铜奖

2002 《花季情韵》入选“《在延安文艺座谈会上的讲话》发表60周年全国美术作品展”省优秀奖

2006 广东美协50周年“广东美术大展”

2006 研究的意义油画作品展

2006 05级油画系研究生汇报作品展

2006 广州美院第三届研究生主题作品展

2006 中国岭南油画当代精品邀请展

2006 “南北计划”广州当代艺术启动展

2006 研究具象·广东当代油画十六人展
2005 第六届广东省体育美展
2004 建国55周年广东省美展
2004 广州美术学院王嘉廉奖学金获奖作品展
2003 携手新世纪四川省油画大展
2001 新世纪第一春四川水彩水粉画展
2001 四川省第五届体育美术作品展
1999 中华人民共和国成立五十周年四川美术作品展
1998 四川省《人口、家庭、生活》美术摄影作品展铜奖
1996 四川纪念红军长征胜利六十周年美术作品展
1990 第十一届亚运会四川省体育美展

个展:

“止渴”刘文油画展
刘文写实油画展
“诗意的追逐”刘文当代油画展

个人画册:

《中国当代实力派油画精品丛书一刘文油画艺术》(天津杨柳青画社)
《“诗意的追逐”刘文当代油画集》
《“像花儿一样”刘文油画集》(深圳报业集团出版社)
《止渴》刘文油画集(香港天籁出版社)

主编:

《研究的意义·谈油画系研究生创作新状态》(天音出版社)
《在南方·具象绘画研究》

发表:

《美术》、《中国油画》、《美术大观》、《艺术界》、《中国油画市场》、《美术学报》、《研究具象》、《研究的意义》、《精神与品格—

中国当代写实油画研究展》、《第六届广东体育美展》、《广东美术大展》、《中国岭南油画当代精品邀请展》、《“原点”中国当代艺术邀请展》、《第二届中国美术院校师生作品展》、《融合与创造·2007中国油画名家学术邀请展》、《中国美术家协会第二十次新人新作展》、《中国岭南油画(穗港)小幅精品展》《重释当代·四川美术学院广州美术学院研究生作品展》《第三届中国美术院校师生作品展》、《第三届广东美术大展》、《纪念中国改革开放三十周年全国美术作品展》、《第三届“‘风景·风情’全国油画人物画作品展》、《第三届全国青年美术作品展》、《广东画院作品巡回展。贵州》、《携美流花·广东画院50周年作品集》、《南方油画》、《建国60周年广东省美展作品集》、《首届全国美术名家作品邀请展作品集》、《第十一届全国美术作品展作品集》、《羊城晚报》、《美术关注·中国青年油画家》等书、刊。

刘文 早春 100×100 布面油画

刘文 夏日记忆之六 80×50 布面油画 2010

刘文 听海 180×130 布面油画 2012

刘文 像花儿一样之80后 160×150 布面油画 2008
刘文 仲夏之梦之二 100×100 布面油画 2011

刘文 夏日 110×75 布面油画 2013

刘文 夏 75×110 布面油画 2009
刘文 立春 180×130 布面油画 2012

刘文 夏日记忆之六 110×75 布面油画 2010

刘文 像花儿一样 160×180 布面油画 2008
刘文 多梦时节之三 100×80 布面油画 2010

刘文 夏日记忆之十二 80×50 布面油画

刘文 仲夏之梦 100×100 布面油画 2012
刘文 舞者 80×65 布面油画

刘文 秋日记忆之二 80×50 布面油画 2012

刘文 裸模 100×100 布面油画 2013
刘文 像花儿一样·姐妹之三 160×130 布面油画 (艺术家眼中的当代中国-中国油画艺术展获优秀奖)

刘文 老墙 180×130 布面油画 2008

刘文 朝花夕拾 140×60 布面油画 2009(挖掘发现-全国油画新人展)

中国新具表油画实力派艺术家

盛　伟

【凤池观察】心存天地外，卧游山水间，从不刻意动笔抹彩，无意于佳乃佳，此济南盛伟也。“杏林”N次展，盛伟个展，我都应邀参加了，每次都为其生动的画面喝彩，不为别的，只为现时的画家中还能葆有这么个心态，而这个心态实在是可贵，因为净不染尘而每能自出佳构，所以在我的心里一直认可这位“呆呆的老兄”，说呆呆，是因为老兄不跟风，不敷衍，五十出头了，依然不紧不慢的，惹得他近边的藏家直叫“我靠。”老盛英明，藏家得福。虽现在还赶不上那些千万百万富豪艺家的气派显尊吧，踏实总是有了，其实，踏实，就是为之后的千万百万做最好的铺垫，你想，哪一个传世大作不是在踏实中出来的？大智若愚呀，盛兄“愚”的对！

亲证自然 心造物象

——品读盛伟的油画风景

文/刘雷

谈起盛伟的油画风景我并不陌生，在大学时我们是上下级同学，他是一九七八年考入的大学，比我高一级，同属于恢复高考后的“新三界”的群体。作为从事高等美术教育工作三十余年的盛伟对自己的专业和教学敬业而执着，特别是在油画风景教学方面积累了丰富的经验，近几年我亲眼目睹了他油画风景的脱变与崛起。乃至在国内各级风景油画的专项展览中频频参展，并获得了各种奖项，得到了业内人士的认可，引起了社会与新闻媒体的广泛关注和推崇。

记得荣格在《心理学与美学》一书中讲到：“从古以来，我们对艺术的态度就是移情式的。”我们凭借“笔触”、“色彩”这一抽象内容来窥探艺术家领悟世界的“心像”，而我们又通过山川、河流与树木这一具象内容而品味艺术品再造的“造化”的真实性。对自然的关注，往往是“移情”的结果。对抽象的“笔触”、“色彩”的发现与营造，是人的修养与意志力的展示，从某种意义上讲，笔触与色彩愈纯粹、愈精妙，也就意味着人的智慧的发达与精神充实与超越。

亲证自然、心造物象是盛伟近几年油画风景的主要审美体验与追求，这也是他与当下众多油画风景拉开距离而有所不同的关键所在。他的油画风景主要来自三大素材：沂蒙山系列、皖浙赣系列、胶东半岛系列。这三个地域跨度遥远，地貌特征与色彩变化之大，文化风俗又各不相同，这对画家来讲在他的心目中必须采取不同的审美标准与不同的表现手段，同时又得具备极高的艺术功底，才能游刃有余地刻画出特定的山川地貌及自然物象。而盛伟在这三大素材的油画风景写生中，都找到了适合自己的绘画语言，在他的油画风景中已充分地显示出他的艺术才华和高于常人的写生能力。无论是他的沂蒙山系列、皖浙赣系列、胶东半岛系列，都能充分地表现出它们独特的地域性，同时也深深地昭示出他对不同地域的人文关怀。特别是在沂蒙山系列作品中我们可以真切地感受到北方山水的质朴、厚重与雄伟。细品这些画中的绿树、山石、河流、阡陌与房屋是浑然的生长并融合于山川岩壑之中。色彩和谐响亮而沉稳，既有沂蒙山特有的色彩属性又具有再造与升华的情感色彩。用笔肯定、娴熟和洒脱，尤其是在画面的虚实与气韵的贯通上，看似偶然又是必然的掌控和处理之中，让人叹为观止回味无穷，给观者带来极大的审美享受。

其实来沂蒙山写生的著名画家并不少，真正能找到感觉画出蒙山神韵的可为数不多。有些画者照抄自然过于客观几条河几棵树一目了然；又有者大幅度概括于平面化、符号化之中，前者则太媚俗后者又太欺世。而盛伟的作品则游离于二者之间，将画面语言恰到好处的控制在似与不似之中。许多初次看他画的人感到很有意趣和神秘，因为在他的画里找不到与眼前客观景色相符的地方，可总体看起来就是眼前的景色，这里面的“玄机”只有画家本人才能知道。

“内美”与“自然之性”是一种神秘而真实的存在。在一些富有思想智慧的艺术家心理，画不过是“第二自然”而已。黄宾虹曾经告诫人们“山水乃图自然之性，非剽窃其形，画不写万物之貌，乃传其自然之神，若以形似为贵，则名山大川，观览无遑，真本俱在，何

劳图焉。”在二十一世纪的今天，这段名言仍具有它的深刻含义和历史价值。仔细观看盛伟的油画风景中已全面的显现出“内美”与“自然之性”的巧妙结合，是再创的“第二自然”。再与黄宾虹的话语相对照，可见他的画面语言里与黄翁大有异曲同工之处。中国人生来对山水有着由衷的喜好，以此寄托对自然的情感，今人不仅如此，更重要的是关注人与自然的和谐关系和理想化的精神空间，作为油画风景与传统山水画有所不同，它从媒介上更加丰富了艺术家对自然的表现，以达到情景交融，随着油画风景队伍的壮大，艺术家们更深刻的认识到山水画的灵性与秒界，去体悟自然中蕴涵着不尽的精神。

近年来风景画家们纷纷外出写生，盛伟是这批画家中的姣姣者和成功者，他怀着一种责任和追求去关注我们所处的生活环境，及人与自然的感受移情，自然不是艺术，而是艺术家以文化的情愫去探索、感悟，从中追求人的生命和精神力量，去幻化意境。当然，今天的油画风景不是开端，而是在传统的基础上怎么更好的发展，这可能是风景画家们的所思所想，也是盛伟的终极目标。一路走来他已留下深深的足迹，祝愿他在未来艺术的旅途上继续跋涉前行，期待着他创作出更加优美深邃、富有文化特质的油画风景。

2013年3月

刘雷：济南大学美术学院院长，教授；山东省教育厅艺术教育委员会副主任委员；山东省油画学会常务理事；山东美术家协会油画艺术委员会委员。

盛伟 蒙山沂水系列之十九 60×60 布面油画 2008

盛伟 南山系列之七 50×60 布面油画 2009
盛伟 俚岛渔村 80×65 布面油画 2012

写意情怀

——品读盛伟其人其画

文/申林

与盛伟相识转眼已三十四载，那是在1978年秋——曲阜师范学院艺术系美术专业开学后的某天。记得他入学第一幅素描，就得了满分，这令同学们羡慕不已。后来得知，盛伟出自书香门第，家父是陶行知的门生。他曾在济南一个叫老东门的“地下室”学画，那是当时济南赫赫有名的艺术殿堂，在那里曾飞出很多当今画坛名流。后来他下过乡，当过炼钢工，一路摸爬滚打考上大学，一切都因了绘画，并成就了他作为济南大学教授、美术系主任、西画研究所所长的今天。

秉承家教，盛伟对绘画“注精以一之，严重以肃之，恪勤以周之”。以“虚静”引入修画过程，忘情于山乡秀水之间，“解衣般礴”、天性使然一路画来。他深谙“夫画道者，本寂寞之道”， 多年来，把持经年累月求索之恒心，耐住反复尝试之甘苦，克服得失成败之喜厌，笔耕不辍。其积学之道可谓“精于勤、敏于思，废画三千。目饱画迹，又车辙马迹半天下”了。

盛伟在朋友中颇有人缘，他谦和

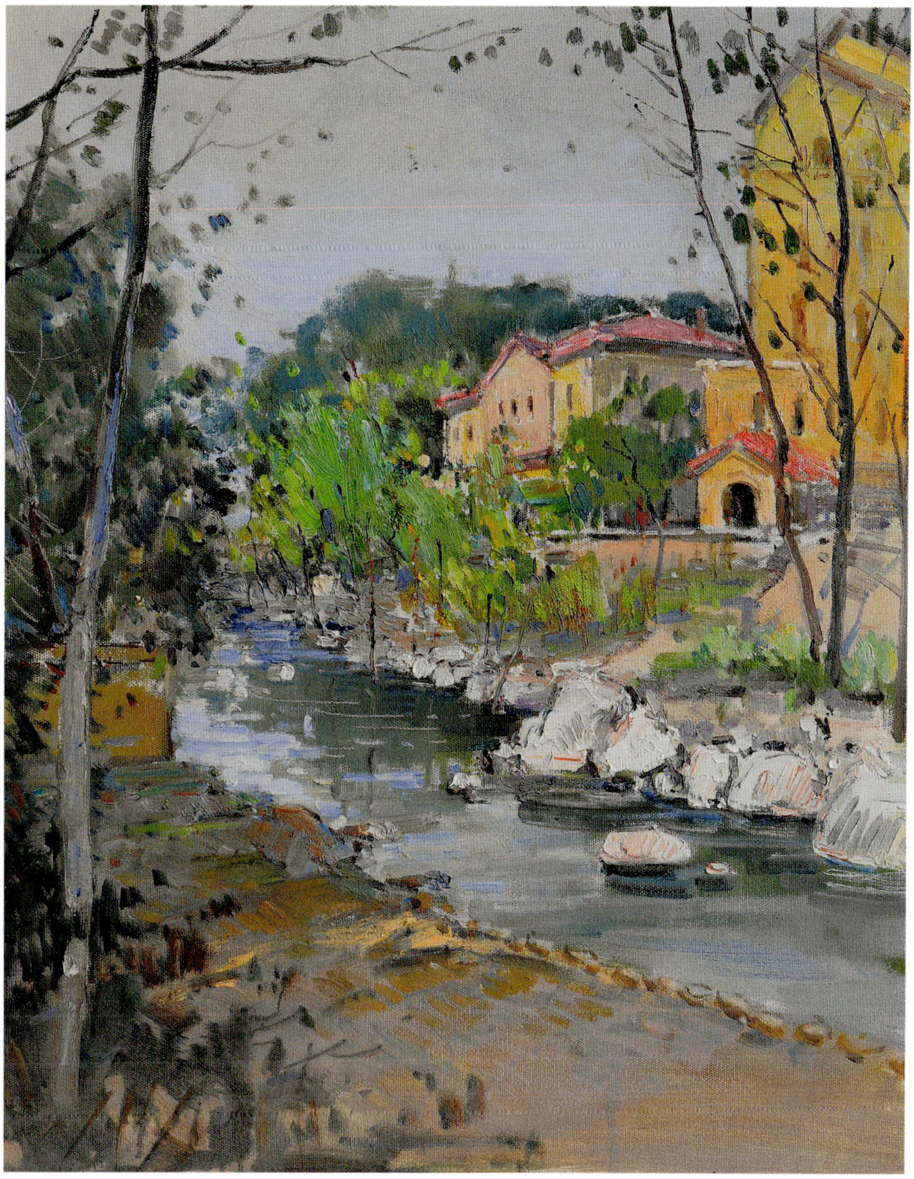

热情、正直坦荡，却也喜怒随性。他侠义豪爽，乐于助人，却也灵秀机敏。先天的感性与后天的历练，赋予他鲜明的艺术个性。历来“学画者先贵立品”，盛伟知晓“物以人重，知立品不可不先。品节既优，不但人人重其笔墨，更钦仰其人”的道理。故“修身”，而依于仁、据于德，心气平和，能应万物。“养气”，而返璞归真，进入无畏无华的大璞之境。人格的提升，使他的画兴发而进入真率而唯美的境界。

孔子曰：学之者不如好之者，好之者不如乐之者。用盛伟自己的话说，他的油画是玩出来的。诚然，这是他过谦之词。因为，他不认为自己是学者型画家，也不认可是苦学派。天下有生而聪颖之智，而无生而知之之人。他画画，即生活，一切出于自觉。他修画的过程是心予迹化的过程，而不是凝虑苦思、惨淡经营的结果。因此，他感觉不到累，感觉不到多年知与识的沉积与升华。他的画不求“千载寂寥，披图可见”，只求“自娱、畅神、卧游、快人意”，画者能自得其乐，观者可陶冶性情。据他讲还有“平肝气、医目疾、破孤闷，代去杂欲”等功效。

盛伟不禅、不儒、不道，其人其画却多暗合义理。故有贤士说他是站在山上看月亮的人。禅修讲神悟、得妙境；道家尚自然，天人合一；儒学讲德、讲仁、而游艺于世。艺术精神在先贤的哲学中找到了契合点。他常说：画者，画也，不是再造自然。他的油画的确“无景之常形，而有自然之常理”。品读他

盛伟 江西婺源系列之二 50×60 布面油画 2011

盛伟 周末溪地 80×65 布面油画 2012

的画，总给人以写意之感。文人写意画尚简，尚古雅，有书卷气。不忌生涩稚拙，但求即兴偶遇，天人合一的机缘。讲“中和”之道，追慕简淡天真，有无之间的意境。偶乘酒性，亦可纵姿奇崛给人以新奇之感。

盛伟好美食，善烹饪。每逢“群贤毕至”咸集家宴时，总喜亲自下厨添几道佳肴，并沾沾自喜其美味。他的画也有菜谱，像名厨，每次外出写生归来，总能炒出几道“好菜”，供朋友们品味。《俚岛油画写生系列》就是我在去年八月目睹他画的。在炎炎烈日下，找一块阴凉，沐浴浪漫的海风，席地而画。他往往“应目会心，一挥而就”，每逢神遇偶得，便对当下颇感得意。当道不合理，理不生法，画不尽人意的时候，也每每慨叹艺术人生之失落与艰难。

西人研究“看”，而中国人讲究“观”；西人能画，而中国人善写。油画的材料技法来自西方，而写意精神却体现着东方审美内涵。故写意油画在形式上简约含蓄，立足形式构成；在表现上用笔潇洒，力求即兴效果与当下感。虽为对景写生，但色彩不唯客观，而是写貌以物情，求的是色彩的机缘和修养。盛伟的油画《赣南写生系列》《太行写生系列》《沂蒙写生系列》等，其图式、用笔、用色在油画特性与水墨意趣的结合中，达到了和谐圆融的境界。体现了作者多年追慕的西方品味与东方神韵；理性与感性的结合。看似逸笔草就，却每每有出人意料之处。其色彩靓丽、清澈悠远。虚中求实，在疏朗中给人以脚踏实地之感。在感情化的风景中意造境生，透出作者对至美、至纯的艺术追求，亦如他的写意人生。

油画中的“写意”已不单是一种提法，而成为当今中国油画发展的趋势和价值取向。这是在民族精神日益觉醒的背景下兴起的，无论是艺术家还是评论家、都厌倦了使用别人的语言来表现本民族的主题，他们各自有着不同的面目，却做着同样的努力，那就是在谋求现代化、国际化、个性化、多元化的同时，融入更多的民族传统元素。盛伟也不例外，其作品是对时代的激情，是对语境的顿悟，是对生活的敏感。我们预祝盛伟明天会更美好。

2013年3月1日

盛伟 宏村系列之二 50×60 布面油画 2010

盛伟 宏村系列之三 50×60 布面油画 2010
盛伟 俚岛海草房 60×50 布面油画 2012

盛伟艺术简历

盛伟，1982年毕业于曲阜师范大学艺术系油画专业。现任济南大学艺术学院教授、美术系主任、西方绘画研究所所长。山东大学品牌与传播研究所研究员，硕士生合作导师。

参展与获奖：

2001 《蒙山之秋》获山东省写生作品展二等奖

2002 《蒙山回春》入选第二届山东小幅油画展

2004 《山居夕照》获山东省第三届写生展三等奖

2005 《蒙山沂水》新山东、新风貌·山东油画风景展

2006 《洒满霞光》获时代的诘问·山东写实油画展优秀奖

2007 《山溪映日》获新农村建设写生作品展一等奖

2008 《日落溪口》入选上海建国60周年大东方当代油画展并收藏；《皖南十月》获山东省第四届写生展二等奖

2009 《古镇晨雾》获历史记忆、生活感悟二等奖

2010 《蒙山盛夏》入选齐鲁风情油画展；《心象之旅》——孔子故里十人油画展（北京荷画廊）；《中法艺术交流展》（济南明湖美术馆）；《杏坛十人油画联展》（济南明湖美术馆）

2011 《蒙山沂水之五》建党90周年美展二等奖；《杏坛七人油画新作展》（济南伊凡画廊）；《中韩现代美术交流展》（首尔国际艺术交流中心）

2012 《夏日仰口》获山东省美术作品展优秀奖；《沸腾渔港》获“中国，中国！山东油画作品展”三等奖；《杏坛油画新作展》济南 禾和美术馆；《2012自然、人间·中韩当代美术展》（韩国首尔、中国潍坊）；大型创作《明湖长廊》入选“山东省三个一百·一百处山东重要名胜古迹创作工程”。

发表文章与作品：

《文艺研究》《艺术教育》《中国油画》《齐鲁艺苑》《美术报》《东岳论丛》《山东大学学报》《大东方当代油画作品集》等。出版专著《线条的律动》（中国文联出版社）、《油画名家—盛伟》（山东美术出版社）

盛伟 沸腾渔港 65×80 布面油画 2012

盛伟 2012.9

盛伟 俚岛渔港 65×80 布面油画 2012

盛伟 云雾茶园 65×80 布面油画 2011

盛伟 休渔期之三 65×80 布面油画 2012

盛伟 俚岛渔家 50×60 布面油画 2012

盛伟 蒙山沂水系列之二十一 65×80 布面油画 2009

盛伟 蒙山大洼水库 65×80 布面油画 2009

盛伟 云雾察济 65×80 布面油画 2011

盛伟 红房子 65×80 布面油画 2011

盛伟 博山古窑 65×80 布面油画 2010

盛伟 米脂民居 65×80 布面油画 2011

盛伟 夏日仰口 65×80 布面油画 2012

盛伟 桃花源 70×90 布面油画 2011

盛伟 米脂杨家岭 65×80 布面油画 2011

盛伟 皖南系列之八 65×80 布面油画 2011

盛伟 江西婺源系列之七 65×80 布面油画 2011

盛伟 江西婺源系列之五 65×80 布面油画 2011

盛伟 海系列之三 65×80 布面油画 2012

盛伟 海系列四 65×80 布面油画 2012

盛伟 海系列之一 65×80 布面油画 2012

盛伟 海系列之六 65×80 布面油画 2012

盛伟 江西婺源系列之六 65×80 布面油画 2012

盛伟 海系列之八 65×80 布面油画 2012

盛伟 海系列之七 65×80 布面油画 2012

盛伟 海系列之三 65×80 布面油画 2012

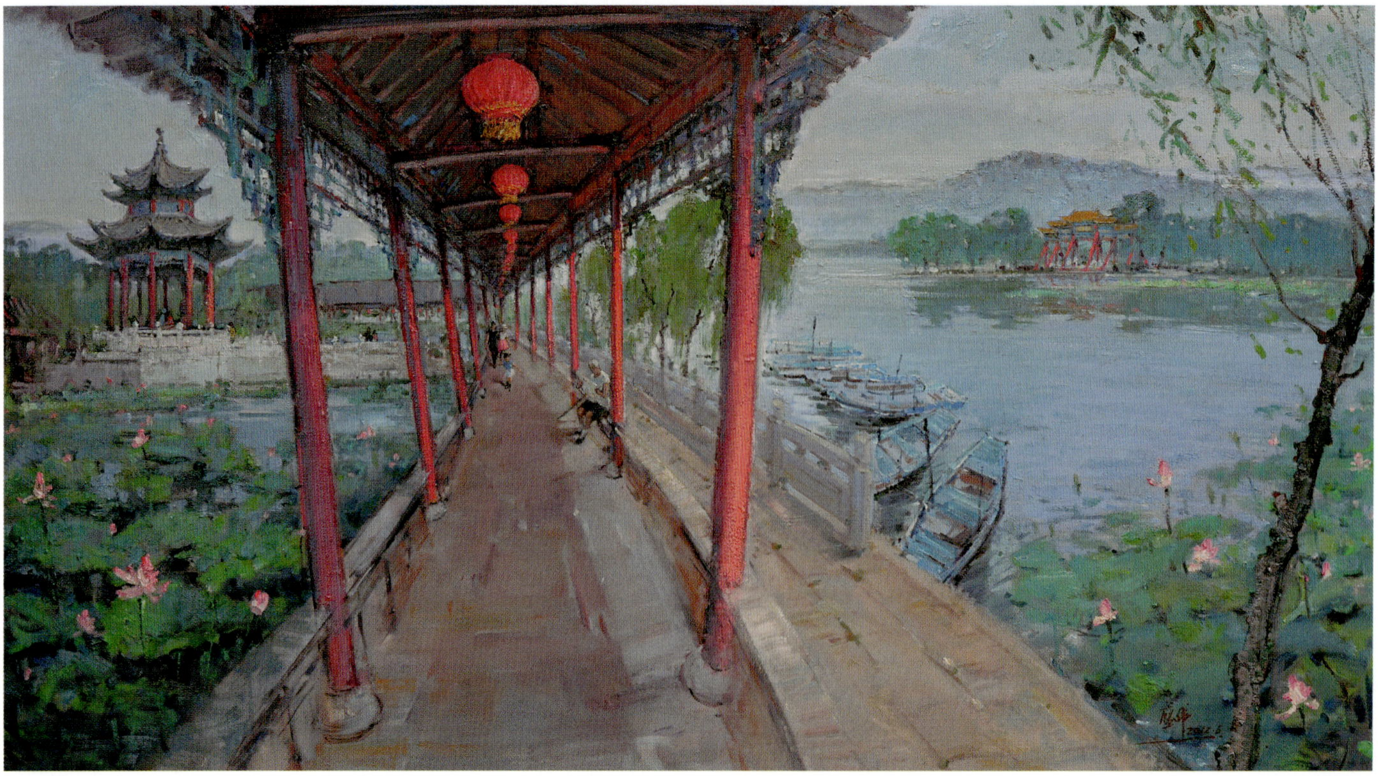

盛伟 古镇晨雾 60×150 布面油画 2010
盛伟 海系列之十 50×120 布面油画 2011
盛伟 明湖长廊 130×220 布面油画 2012

盛伟 皖南十月 65×80 布面油画 2010
盛伟 海系列之九 65×80 布面油画 2012
盛伟 瑶里老米店 65×80 布面油画 2010

中国具象油画实力派艺术家

何永兴

【凤池观察】因为时下美人好卖，在永兴来我工作室我就说，给我画一张漂漂的美眉吧，好卖。“那家伙，玩不来。”就这么简单。我以为是这么负责，因为有了负责，才有可能有更大的作为。年前中央美院高研班毕业展上，我和一位地方领导一同去观摩，其实在早时，比如全国美展、青年美展、金陵百家等等永兴的大作已“过了重重关卡”而获奖，于我，在看过了全国千百个有面貌的艺术家画面之后，还在各展中寻找永兴作品的真实原因就是感动其诚真与实在，不追人胃口求其好看，不贪图好卖舍己之长，便是在这样的恪守下，永兴的魅力愈发大了，永兴作品的魅力愈发大了，我想，真正大名大市的艺家都有这样的经历，所以，我看好永兴，前途无量，潜力浩大。

何永兴 城市风景 40×50 布面油画 2010
何永兴 烟台老房子 50×40 布面油画 2010

写实的高度建立在扎实的基本功上

——何永兴艺术访谈

您是怎样走上艺术道路的？

每一个热爱画画的人都差不多，就是从小就喜欢画。我也一样，只是喜欢到后来发现自己的经济条件根本不能够支撑起画画的梦想。大学毕业后回到县城教了八年书，微薄的收入只能糊口。教书期间开过美术用品商店和画廊。2007年考入中央美术学院油画系助教班，开始了我的真正意义上的画画。在中央美术学院的学习期间，参加了几次全国的展览，我的努力初步得到了肯定。2009年考入清华大学美术学院，攻读艺术硕士学位，期间参加了全国几个重要展览并获了奖，这更坚定了我画画的信心。

您的作品大多关注平凡的劳动者，您为什么钟情于这样的题材？谈谈您创作这些人物的感受。

我觉得喜欢画什么，一定是画家最熟悉的，体会最深刻的东西。同时也是乐此不疲的。另外，就是跟画家的生命体验和强烈的社会责任感有关。如果生活在城市里，没有受过什么苦，日子过得悠闲舒服，也没有在农村生活过的体验，打死他也不会画平凡的农民。因此，画家的成长环境及其经历对于未来艺术创作是一笔宝贵的财富。我画劳动者，是和我的生存体验吻合的。劳动者平凡但不平庸。劳动者身上有一股潜藏的力量，这种力量是低调的、质朴的、沉默的。我在他们身上看到了一种伟大的存在。中国是农业大国，中国的大多

何永兴 如砖的青春 200500 布面油画 2012

数都是农民，农民的命运在某种程度上其实就是国家和民族的命运，“日出而作，日落而息”建构起中国人的生命哲学和朴素的生命本质。遵从天地人和谐的农业生产方式，创造出中国儒道释一体的普世文化价值。我想通过画劳动的人，来表明一种对劳动的态度和思考。农民工的劳动，如果简单的认为只是一种体力劳动，而忽视了这种劳动对社会进步所能够产生的重大意义，那就好比当吃饱的时候，忘记了第一张面饼的意义一样。正是这样积极的劳动态度，成就了今天的现代文明，也正是这样的劳动态度，以其廉价的劳动支撑起中国经济快速积累资本参与国际竞争的同时，也同样带动了中国文化的大发展大繁荣。农民工的现实是：天天为城市盖楼，自己却住在简陋的临时帐篷里，天天在照看别人的老人和孩子，自己的父母和儿女却常年见不上面，改革开放三十多年来，农民朋友并没有享受到改革成果，潜藏在社会分配不公的现实世界背后是道义的丧失和文化的败落。那么，对劳动的态度以及科学的认知，是对农民工这一群体乃至中国九亿农村人口的精神叩问和文化关照。我把这一群体看作是英雄般的群体，坦荡在这天地之间，举手投足，凝固永恒。天地之大美中有一种美，便是这充满悲怆，带有悲剧性的怀恋与伤感所构成的劳动者的人性尊严。

在各种新奇的艺术形式不断出现的今天，您仍然在坚持以写实绘画的方式表达自己的情怀，谈一下您眼中的写实油画以及您的艺术追求。

我认为写实绘画的难度无论是从技术层面还是精神层面都是最高的。油画的优点就是写实。写实油画的高度一定是建立在扎实的基本功之上的，这是写实油画非常重要的一关。否则，就达不到那个高度。基本功都是些最基本的，但也是最高深的。我们今天看欧洲大师的作品，人家能够画出人的精神来，就是因为人家基本功达到了那个高度。

谈谈您的出生地内蒙古对您的影响？

一方水土养一方人，内蒙古赤峰林

西县，往东紧挨辽上京遗址巴林左旗。往南几百公里就是红山文化发源地，往北紧挨西乌珠穆沁草原，但我小的时候，也没有感觉到有什么不一样，记忆中就是河里的鱼只要把手伸进河里一抓就能逮住一条。[illegible]，泉水清澈甘甜。牛羊钻进草里看不见，那真是“风吹草低见牛羊”。老乡们勤劳善良，聪慧能干。总之是水草丰美之地。

您艺术道路中最难忘的事情有哪些？

当然有很多了，讲一个有意思事吧，有一次我骑摩托车去清华大学上课的路上，走到北四环志新桥，等红灯，路对面的交警眼瞅着就冲我来了。我想这下可完了，无证无牌。好在摩托车是发票齐全，交警过来后，一把就拽走了车钥匙，我赶紧立好车，跟交警说好的。我说：“您看，我也不容易，这上学路程太远，坐公交耽误课。请您谅解。”交警说：“你这多危险啊！买个奥拓也行，毕竟四个轱辘啊！”我说：“穷学生也没有啥钱。”说着我掏出了清华大学研究生证和中国美术家协会会员证递给了交警，交警看后，从头到脚打量我一番，说：“你这是真的？！还是假的？！糊弄鬼呢吧！你！”我赶紧摘下头盔，说：“哪敢啊，这哪能会是假的，我是学画画的，从地方考上来的，年纪是大点，也是没办法的事。”交警看了我两眼把证件给了我，拿着车钥匙指着我说：“还真看不出来，是个搞艺术的！你以后注意点儿，看着我们就躲着点，你知道抓住的后果是什么吗？扣车！拘留！罚款！知道吧！今天就是我，明白吗？好了，赶紧消失！赶紧！”我连忙说“谢谢大哥！”骑上车就跑了，涌入了车流。现在想起这事，我会不自觉地偷着乐起来。

何永兴 影子之二 180×180 布面油画 2008

何永兴 清华明斋 80×60 布面油画 2012
何永兴 地下车库之一 50×70 布面油画 2013

何永兴 蔚蓝的北方 200×200 布面油画 2008

何永兴艺术年表

1975　生于内蒙古

1997　毕业于内蒙古大学艺术学院

2000　油画作品《生产队月末》入选内蒙古自治区青年美术作品展；作品《1921•大印象》参加纪念中国共产党建党80周年内蒙古自治区美术摄影书法优秀作品展

2003　在深圳举办个人风景写生作品展结识沈树仁先生

2004　水彩作品《北方小镇》入选中华人民共和国建国55周年内蒙古自治区美术作品展；水彩作品《小城旧屋》参加在中华世纪坛举办的“北京•内蒙古文化周”美术作品展；加入内蒙古美术家协会；参加第11届中国艺术博览会；去福建南靖、永定地区客家土楼写生；去香港中环大会堂参加深圳布吉美术作品展，游历香港，在维多利亚港写生。

2005　去内蒙古克什科腾旗写生；作品《手机系列》被瑞士藏家收藏

2006　写生作品《嘎拉德斯汰的六月》参加首届“风景•风情”全国小幅油画作品展，作品被刚泰集团收藏。

去周庄、乌镇、同里写生

2007　写生作品《乌镇的冬天》参加第二届“风景•风情”全国油画作品展；油画作品《骑兵远去的冬天》参加中国人民解放军庆建军80周年全国美术作品展，作品被组委会收藏。考入中央美术学院油画系硕士研究生课程班（第15届助教班）

2008　创作《外乡》《守》《蔚蓝的北方》《影子》；《外乡》参加2008中国百家金陵画展，作品在中国美术馆展出；《蔚蓝的北方》参加第三届全国青年美术作品展，中国美术馆收藏。

2009　《影子》参加第七届全国体育美术作品展；创作《劳动的人》《影子2》《北方》；加入中国美术家协会；中央美术学院油画系硕士研究生课程班结业；先后在中央美术学院美术馆和今日美术馆举办毕业展，作品《脉》被今日美术馆收藏；《劳动的人》参加第十一届全国美术作品展，获奖提名；参加第十一届全国美术作品展中国美术奖获奖作品展；考入清华大学美术学院攻读硕士学位。

2010　创作《广阔天空》《劳动的人之二》《赶海归来》；《广阔天空》参加2010“现实•超越”中国百家金陵画展，获金奖；《劳动的人》参加第十一届全国美展赴日本巡展；《劳动的人之二》《赶海归来》参加中国青年写实艺术大展，获优秀奖。作品《赶海归来》被时代美术馆收藏；考入中央美术学院造型艺术研究所油画创作高级研究班；高研班赴俄罗斯莫斯科、圣彼得堡等地博物馆、美术馆、教堂艺术考察；《广阔天空》被江苏省美术馆收藏；创作《灰色城市》

随高研班去山西晋城、山东烟台上风景写生课；开始创作《流浪》；作品合集《时代的轮廓》出版。

2011 创作《铺路人》《铺路人之二》《劳动的人之三》；中国百家金陵画展金奖作品《广阔天空》在法国卢浮宫展出；撰写硕士学位论文《谈中国油画作品中的农民形象》；《铺路人》参加第四届全国青年美术作品展，荣获优秀奖（最高奖）；《灰色城市》参加“东方既白”中国国家画院建院30周年青年美术作品展；高研班赴欧洲艺术考察。

2012 《铺路人》参加第五届北京国际美术双年展；写生作品《有空调的风景》参加“可见之诗”第二届中国写生作品展；受中国美术家协会邀请赴四川西部采风写生，收集素材；创作高研班毕业作品《如转的青春》；清华大学美术学院毕业，获艺术硕士学位；毕业创作《劳动的人之三》在清华大学美术学院美术馆展出；中央美术学院油画高研班毕业，毕业创作汇报展在中央美术学院美术馆展出。

获奖与收藏：

2009 第十一届全国美术作品展《劳动的人》获奖提名

2010 “现实与超越”中国百家金陵画展《广阔天空》获金奖；中国青年写实艺术大展《劳动的人之二》、《赶海归来》获优秀奖

2011 第四届全国青年美术作品展《铺路人》获优秀奖（最高奖）

2006 《嘎拉德斯汰的六月》被刚泰集团收藏

2007 《骑兵远去的冬天》被全军美展组委会收藏；《乌镇的冬天》被刚泰集团收藏

2008 《蔚蓝的北方》被中国美术馆收藏

2010 《广阔天空》被江苏省美术馆收藏《赶海归来》被时代美术馆收藏

何永兴 失忆的景观 200×300 布面油画 2011

詹建俊：你的东西，我看是很有代表性的。你抓住了这个时代具有现代气息的农民工的典型，一看都是受过点教育的农民工形象，在当下很具有现代感。构图很独特，纪念碑式的，歌颂了农民工对这个时代，对这个社会所发挥的作用。

钟涵：何永兴你有一个好处，就是你的真诚，不绕弯子。这一点很难得。你对生活的把握有你的东西。进城干活，都是别人不愿意干的苦力活，表现这一群体，我看很了不起。在你这样一个年纪能够关注底层人的生活，这是难能可贵的。

易英：他画出了一种真实的感情，真实性来自他自己的经验。因此，他可以捕捉到别人注意不到的生存的细节。通过对这种细节情境的关注，他表达了一种潜在的人文关怀。这种关怀是质朴的、真诚的。

何永兴 北方 200×180 布面油画 2009

何永兴 守望 200×150 布面油画 2008
何永兴 如烟的风景 60×80 布面油画 2010

何永兴 临海的房子 50×100 布面油画 2010
何永兴 流浪 170×200 布面油画 2010

何永兴 有空调的风景 100×50 布面油画 2010

何永兴 通往海边的路 50×100 布面油画 2010
何永兴 暖阳 布面油画 2010

何永兴 灰色城市 200×200 布面油画 2011
何永兴 盐灶古巷 80×80 布面油画 2013

劳动的人

200×200 布面油画 2009

何永兴 永恒的山谷 200×210 布面油画 2012
何永兴 守 200×200 布面油画 2008

广阔天空

200×200 布面油画 2010

何永兴 东渔村 80×80 布面油画 2013
何永兴 南澳冰场 80×80 布面油画 2013

铺路人

200×200 布面油画 2011

何永兴 南澳夜色 80×80 布面油画 2013
何永兴 海和木瓜 80×80 布面油画 2013

中国具表油画实力派艺术家

王 禄

【凤池观察】王禄是我在雅昌博客上认识的，我在2012年2月还没有建立博客之前不是很相信这个所谓虚拟的玩意儿的，看画还是要看原作，所以我泡在网上一年之后才向王禄发出上版邀请，直到我接到他从厦门寄来材料打开能看清细节的作品大图的时候，才确定邀请王禄没有错。扎实基础不受时风影响，合理布局有自家法则，科学用色能不落窠臼，真切关怀得时代趣味。沉静的画面中透出作者的心态，深远的意境里看出他更远的追求，虽在具象，却有生动活泼，且收放有度。能于性情，重于抒写，得之心而寓之笔也。

心灵的曲调

——读王禄先生的《太行山写生》

文/杨琼

在各种题材的油画作品中，我对风景画有种特殊的喜好，尤其钟情于田园类风景作品。诚然，我所指的是在同等水准条件下的倾向。我欣赏气势磅礴的作品，也喜欢思考具有生活叙事的画面，但对于能让自己闭上眼睛进入安宁的沉思的场景尤其激动。正因为如此，我始终会找一些这类作品来“读”，希望能从中发现一些寂静的性灵的秘密。

多日前曾浏览王禄先生博客里的相册，对其在太行山写生的几组画面颇感兴奋。那种剔除细节的果断的勇气，几乎让那些胆小的拘谨的绘画者感到心虚。调子、轮廓还有块面的比较，以一种近乎“纤柔”的经验出现。太行山的“崇高”被一种内敛的“田园式”情绪包裹起来，激情却不彰显，柔润而能清隽。虽是写生，但我相信王禄先生是以一种创作的心态来对待的。作品既考虑到近看的效果，亦能通过干练肯定的笔触爽快地宣泄着心中的情思，这是一种率真而追求自由的艺术家的勇气。

王禄先生太行山写生组画画的几乎是山脚下一些普通的景物：作为背景的山头、老式的简陋的却充满韵味的房子、三五棵树木、一条小溪，等等。到太行山写生，画家却选择这样不起眼的对象入画，的确有令人不解的地方。简洁的构图、纯粹的画面，是景也是意，是物亦是情。王禄先生的独到之处在于：他以抒情的气质表达了环绕在自己周围的物性的“和”。即便画面中只有如一座小山、三二房子、一条小河、几棵老树等，也能如天宇般深邃，将我们的情

王禄 婺源春天之二 80×80 布面油画 2011

感引向无限……这种简化得益于画家敏锐的观察力，画家从前辈大师那里学到了技巧和经验，却从大自然中学到了“真实”——一个可以提供感觉、想象和创造力的源泉。

对于一个具有良好直觉力的艺术家来说，作品关键的不是表达什么，而是如何表达，至而表达是否动人。一般说来，人们总是希望在作品中看到对象本来的样子，但优秀的艺术家却不会这样做，而是以自己观察与感受的方式来综合处理，使画面看起来既是对象本来的样子，又不完全是那么回事。在太行山写生作品中，艺术家以一种优雅的灰调子，灵动的笔触，把静止的事物表现出生命在宇宙中瞬间即逝的运动感。艺术家对大自然的感受是淳朴的、真诚的，他以发自内心的坦率的态度把即时的经验几乎平铺在画布上，这种成熟和果敢具有足够的魅力可以打动欣赏者。这种“胸有成竹”看起来好像是艺术家善于沉思的结果，毋宁说是无意识在展示心灵自身，即当艺术家“热情奔放地想一气呵成画完他的画以前”（安格尔语），一切便已经在情绪中酝酿并达到了和谐统一。

王禄先生带着创作思想的写生，尽管想法有些“鲁莽”，但画面却很优雅，也融入了更多人性的东西。这样的实践不以成败论，事实上却具有令人赞赏的魅力。可以肯定，艺术家的本质不是要给观众提交必须深思熟虑的多么触目惊心或温情脉脉的图像，而是要真诚地交出一个有血有肉的、有灵魂的、甚至有良知或有信仰的作为“艺术家”的个性存在。

王禄 闽北记忆系列之20 80×80 布面油画 2011

王禄 古树春天 80×60 布面油画 2011
王禄 太行人家 60×75 布面油画 2011

我谈王禄的油画

文/王辉

当下，中国油画界有越来越多的新生力量直接以写生起步，把写生这种直接产生作品的方式用来叩开艺术之门，开始艺术之旅。对于许多从美术院校毕业后首先将人生专注点放在解决生存温饱、建立家庭、养活妻儿老小的人来说，当其复归一生向往的艺术道路时，能够直接续上绘画这档活儿，还就是倚仗原先在院校数年间写生训练的基础功底。应该说，写生就是最原初、最直接、最基本的艺术方式。我们海阔天空谈论艺术，有时还需将话头回到原点。任何一位画家，难道不是从写生——对着物象画画这一原点起步的么？

王禄是北方汉子，和许多善良的年轻人一样负有家庭责任。在厦门经历了家业草创并获得的"第一桶金"后，他选择了退出已经厌烦的生意场转而回归油画。应该是对艺术的渴望积郁压抑很久，他将画笔重新抓上手后就有了极好的状态：一是出活、二是连连入选。毫无异议，王禄由原先极好的功底加上对写生极好的"临床"状态，又有他所说的"运气"好。因此，他的短暂的艺术履历，就有了旁人眼馋的可喜记录。

在艺术才情和艺术水准体现为作品的这一平台上，大家是公平的。无论如何，一个重要的油画展览从几千幅作品中精选而来，能入选的作品其绝对值是大于那些不能入选的作品。在全国组成的评委眼里，好作品一般总会被发现被挑上的，这里决没有我是教授我要上，我是体制内的画家我能上的权利与虚荣，一切以作品说话。即便是市场和藏家，也以作品质量论，比如，《中国油画市场》能应允并向王禄约稿，这无疑就是一个基本事实。王禄是自由职业画家，在社会某些平台上尤其是体制掌控下的社会生活中，他也许和很多职业画家一样处于边缘，但在艺术平台上，在全国堂皇的美术馆展厅中，他可以和体制内的教授画家平起平坐的，他有光彩，他还是自由的。在社会生活中，无论是否在职，无论身份如何，只要是品行不坏的艺术家，就应当被尊重，这应当是在社会生活中被崇尚被认同的一种价值。

王禄从写生起步，时刻没有懈怠。两三年间，他从厦门海边画到武夷山区，从福建地域扩展至东南各地，足迹甚至踏进了太行山、沂蒙山区。山林村落、溪塘湖岸、古宅旧屋、成为他笔下描绘的对象。他以一种平凡的视角观察物象，又将生活阅历酿就的情感体验带进画面，使画面成象弥散着怡然自得、朴华恬静的意趣。同时，王禄的画面以灰颜色为基调，这契合了他对题材物象素朴的心灵解读。他的笔调有写的成份，不是那种刻意或僵板的描摹。我们说，艺术家的实践应当对应自身的知识结构、文化追求和禀赋血性，是自然的递进，有自身逻辑联系的发展。因此，王禄在这个阶段的艺术实践是真诚和真实的，他与某些同龄的艺术家张扬浮夸、激进燥乱的"当代"心态极不相同。或许，王禄有生活阅历，于是，他能品着生活的咖啡，静思人生，沉稳不语，悠然处之。

艺术之路透迤而漫长。王禄开局甚好，这为他提振了信心。但愿他迈步越

王禄 停在桥上的摩托车 60×75 布面油画 2013

王禄 太行山韵 75×60 布面油画 2011

“小风景”中的叙事和抒情

文/王禄

我作画至今日，几乎没有用文字记录过若干想法，我在潜意识里总是认为词语对于现象之表达的苍白，即便是复述了，也始终有种词不达意之感；这并非说明我有意冷落词语的作用，恰好说明我对于词语的敬畏，从而不敢滥用。但现在，我试图努力把自己的一些想法和对绘画的感受、理解，用笨拙的语言表达出来。

当别人热衷于表现“祖国河山多壮丽”的大美时，我却一头扎进那些“小风景”里。我认为，“大风景”固然更能容易引起人们的崇高情感，“小风景”亦能给观众以抒情小诗般的惬意体验。从心理学的角度来说，在抒情静谧与激情澎湃的心境之间，绝大多数人在绝大多数时间都更愿意选择前者，我希望我的作品能起到这样一种效果。我的陕北、太行山、婺源、小李坑、五夫、里村等写生之行，既是小叙事，更是小抒情，在创作题材、对象以及表达方式上都可以看作是我的艺术理念的祈求。

当下中国艺术界，写实之风盛行，追求似、细腻的效果达到了极致。可以肯定的是，我不喜欢画照片，哪怕是最优美的风景图片。我喜欢把画室搬到大自然中去，和大自然进行面对面的交流，直到作品的完成。大自然是那样的鲜活，置身其中谁能无动于衷？神奇美妙的天然之物，充满文化积淀的古村落，还有那世外桃源般的村野……尽管写生也可以看作是“写实”的一种形式，但面对着自然众生，你与它们共欢喜，同伤悲，在虔诚的冥想中感受它神圣的恩赐。古人云：“外师造化，中得心源。”如此而已。

我无意评价面对照片“写生”是不是真正意义上的创作，但我还是坚持自己的观点：长时间面对大师的作品，或对着照片临摹，以此来替代创作，无异于习惯借用别人的眼睛来看东西，而失去了使用自己眼睛的习惯。这种做法就像奴隶脚上的锁链一样，迟早会束缚艺术家自己的思想，使自己在真正创作时放不开手脚，许多不够真实的色彩就是这样产生的。当然，我不是反对临摹，尤其是前辈大师的作品，但我坚持自己的理解：学习时心中要有大师，创作时思想要远离大师。我得感谢大自然赋予我的某些智慧，使我在探求绘画知识的道路上能坚持着前进的步伐，如果我有时感觉到自己取得了那么一丁点进步的话，就是说我从大自然中感悟到了真理。

对我来说，写生不是简单的对自然物象的描摹，而是对客观事物的观察结果，是在观察中找到事物的规律，加以提炼，把它转换成自己的语言，使画面和客观的事物既有联系又得到升华。在一幅画里，最能吸引观众的莫过于真实的色彩。不管是普通人还是具有较高艺术欣赏能力的人，“真实的色彩”都一样具有吸引力。对此，我追求的是一种感觉——面对真实的活生生的对象才能够获得的感觉。对我来说，用心灵经验到的要比眼睛看到的更能让作品具有无穷魅力。基于此，在用色上我努力追求打破传统，力求单纯而不失趣味，把中国的精神元素融入西方的绘画技法中去。因为我知道，画家对画笔所产生的效果越是有把握，就越少把颜色调来调去，下笔也就越加爽朗自然。落色单纯而痛快，既不拖泥带水，又没有给人造成简单无物之感，这样的画面就能和谐而长久。我不会为了挣钱而迅速地去生产一幅“失真”的作品，也不会为了迎合大众的审美去潦草地画一幅没有生命的作品。换句话说，我必须忠诚于我的对象，并全神贯注地通过色彩来完成我对它的情意——眼之所见，心之所想，然后在画布上自然流露。

王禄 家 60×150 布面油画 2012(入选中国第七届西部大地情油画展)

王禄 午后的婺源小街 60×80 布面油画 2011
王禄 林畲小景 60×75 布面油画 2011

王禄艺术简历

王禄，男1968年11月23日出生于辽宁省抚顺，现居厦门，福建美术家协会会员。

主要作品

2012　作品《屋里看窗外》入选《可见之诗·第二届中国油画写生作品展》中国美术馆

2012　作品《家》入选“美丽家园·魅力新疆”第七届中国西部大地情 新疆国际会展中心

2012　作品《鼓浪屿》参加首届南方青年艺术100”优品——南方艺术新锐提名展

2012　作品《郭家沟》参加首届南方青年艺术100”优品——南方艺术新锐提名展

2012　作品《闽北记忆之二》入选鼎新华南·吾土吾民油画邀请展

2012　作品《武夫春天》入选2012第二届造型艺术新人展 中国美术馆

王禄 天鹅湖 60×80 布面油画 2012

王琛
2012.8

王禄 古雷海滨 60×75 布面油画 2011
王禄 明岩古寺 60×80 布面油画 2012

王禄 婺源春天之一 80×80 布面油画 2011
王禄 太行山系列之一 75×60 布面油画 2011

王禄 通真桥 80×120 布面油画 2013
王禄 水塘春色 60×75 布面油画 2010

王禄 里村叙事 80×100 布面油画 2013
王禄 晚霞照耀下的古镇 75×60 布面油画 2011

王禄 印象十堡 60×80 布面油画 2013
王禄 老宅 60×80 布面油画 2012

王禄 武夷春天 80×80 布面油画 2012(入选2012第二届造型艺术新人展)
王禄 屋里看窗外 75×60 布面油画 2011(入选可见之诗-第二届中国油画写生展)

王禄

王禄 岭脚村景 60×80 布面油画 2013
王禄 鼓浪屿 60×80 布面油画 2012

王禄 闽北记忆之六 80×80 布面油画 2011
王禄 岚谷之五 75×60 布面油画 2011

王禄 庭院深深 75×60 布面油画 2012

王禄 闽北记忆之一 80×80 布面油画 2011
王禄 岚谷的枫树 75×60 布面油画 2011

王禄 太行山系列之二 75×60 布面油画 2011

王禄 浙源之梦 80×100 布面油画 2013
王禄 江口小景 75×60 布面油画 2011

中国新具表油画实力派艺术家

白冰洋

【凤池观察】关注市场更注重学术，尊重前辈更在意年轻才俊，我做《中国油画市场》一直都在给自己这个提醒，因为在年轻艺术家的面目里我们更能看出一种方向。关注冰洋是在两三年前，记得当时是山东一位领导来我工作室，在谈论了半天当下油画市场之间问起我“一个年轻画家白冰洋”，我才在之后的一些场合格外留意的，谦虚踏实是我对他的第一感觉，年轻有为是我见着他作品的第一印象，“构图严谨而出手轻松，敷彩自然而跳出程式，采众家之长又融个人意趣，独抒己见却不随波逐流。”《美术报》“以画说话”邀我推荐当代有作为年轻艺术家的时候，我毫不犹豫选择了冰洋，结果在后来的复选中受到众评委的首肯，脱颖而出。虽然这个活动尚未结束，我想，年底邀我去杭州最后终评时我还会再一次强调“这是一个难得的油画天才。”

自说自画

庄子说："真者，真诚之至也。不精不诚，不能动人。"学画已逾十年，都市生活充满了浮夸急躁，让我更加意识到真诚研究绘画的重要性。看似简单基础的东西往往是今后立足的基石。这几年时光，我画了许多我熟悉的人和场景，有点像自己纪录的日记，自说自话。生活中的点滴也成为了我画画的出发点。每个人的喜好迥异，而我喜欢用比较抒写和意象的笔触来进行描绘。许多人认为当下的生活用写实的油画语言表现已不合时宜，但我认为好的艺术作品不会过时，富有真情实感的绘画在传承前人的同时，也同样承载了当今的人文感受。记得恩师教导："不要在风格中找变化，要在水平中比高低，胸中要有大师作品当作心中标杆"。这句话时刻都在耳边回响。我希望我的作品能用写实的绘画语言，描绘周遭的人物和环境，传达给人一种当下特有的情愫和意韵。探寻自己内心情感，从生活中来，到写生中去，锻造自己的技艺，眼力和感受。或敏感，或冷郁，或平静，或恢宏，个中的意外和收获，本身就是一种享受和体验，妙不可言。这是绘画所无以替代的魅力。

绘画既是一项悦人心脾的爱好，也是一门深厚的学问。我愿在其中久久沉醉，不断地用自己的画笔来体会，并借此机会向各位指导过我的老师们和朋友们表达衷心的感激之情！路漫漫其修远兮，吾将上下而求索。

白冰洋 轧钢车间(局部二1) 布面油画 2010

白冰洋艺术简历

白冰洋，1988年生于山东，2006年考入中央美术学院，2010年毕业于中央美术学院油画系第一工作室 获学士学位现为中国艺术研究院杨飞云导师硕士研究生，北京美术家协会会员。

展览与获奖：

2013 作品获美国百人会英才奖（艺术奖）

2012 作品入选首届全国中青年油画展(深圳)

2012 作品入选“可见之诗”全国油画写生大展（中国美术馆）

2012 作品入选“北京意象•大美房山”美术展 （中国美术馆）

2012 应邀赴韩国参加中国艺术家作品联展（首尔 光州）

2011 作品入选第四届全国青年美展（中国美术馆）

2011 作品入选“北京意象•山水怀柔”美术展（中国美术馆）

2011 作品入选ART•GWUANGJU（韩国光州美术馆）

2011 作品入选“艺术家眼中的当代社会”油画展（关山月美术馆）

2011 作品入选第二届“挖掘•发现”新人展（中国油画院）

2010 绘制中国国家科学院历任院长，作品被中科院学术会堂陈列收藏

2010 作品入选第二届“寻缘问道”中国油画邀请展（中国油画院）

2009 作品入选第十一届全国美术作品展览（中央美院美术馆）

2009 作品入选“华彩北京”美术作品展（中国美术馆）

2009 作品获第一届“挖掘•发现”新人展三等奖，《书房》被中国油画院收藏

白冰洋 轧钢车间(局部一) 布面油画 2010

2009　作品获中央美院画室艺术传承奖，中央美院学院年度作品二等奖

2009　作品获北京市庆祝新中国成立六十周年文艺作品评奖佳作奖

2009　作品获第十一届亚洲艺术节国际美术大展优秀奖（鄂尔多斯会展中心）

2009　作品入选“巨人杯”当代艺术院校大学生年度提名展（今日美术馆）

2009　作品获上海大东方油画作品展优秀奖

2009　作品获中央美术学院速写展一等奖

作品曾被中国油画院、中央美术学院、北京画院美术馆等艺术机构及海内外艺术品藏家收藏；作品曾发表于《美术》《美术档案·青年写实卷》《中央美术学院本科生留校优秀作品》《中央美术学院本科生色彩教学》《中央美术学院本科生素描教学》《中国油画》《中国油画家》《星艺术》等。

杨飞云：白冰洋的绘画注重书写性，在大虚实和强松紧中找感觉，画画大胆，舒展，有一种阳光的正面的情感。在多年的学院研究上有很多积累。今后应加强生活阅历和表现内质的强化。始终保持对绘画的热爱是根本。能看到未来的自我价值非常重要。

尚辉：在表现青年人物形象方面，白冰洋的《凝想》表现出不俗的写生水准。《凝想》对于问题男生凝神思考时那种微妙变化的体态把握，对于画面浅色——如运动跑鞋、手、脸、唐三彩立马以及背景画布等由近及远、由浅入深的层层设计，都体现出作者在形色处理上的深厚功底。

白冰洋　青春之路　155×180　布面油画　2012

白冰洋 暖秋 160×115 布面油画 2012

白冰洋 余晖 90×120 布面油画 2010
白冰洋 斜阳 150×120 布面油画 2010

白冰洋 凝想 180×130 布面油画 2012

白冰洋 午安 100×140 布面油画 2012
白冰洋 琴 105×75 布面油画 2013

白冰洋 烟 145×115 布面油画 2011

白冰洋 轧钢车间 160×200 布面油画 2010
白冰洋 十九岁的夏天 80×60 布面油画 2012

白冰洋 夏至 180×130 布面油画 2011

白冰洋 带黑色罐子的静物 50×70 布面油画 2008
白冰洋 黑炉子 80×60 布面油画

白冰洋 花衬衫 200×130 布面油画 2011

白冰洋 夜 180×130 布面油画 2012

白冰洋 仲春 180×110 布面油画 2013

白冰洋 孤独患者 180×130 布面油画 2011

白冰洋 风 160×90 布面油画 2013
白冰洋 琴声 140×100 布面油画 2013

白冰洋 惊梦 180×110 布面油画 2013

白冰洋 黑柜子 80×60 布面油画 2012

中国美术馆 [中国油画院美术馆]

相由心生·忻东旺艺术作品展

[编者按]2013年4月20日，由中国油画院、中央新闻纪录电影制片厂主办的“相由心生·忻东旺艺术作品展”在中国油画院美术馆隆重开幕。此次展览是中国油画院策划的“油画家学术研究”系列展之一，同时也是忻东旺先生近年来举办的最大规模的一次个展。共展出油画及纸上作品100余幅，并出版了同名作品集，较为全面地展示了忻东旺先生近年来的艺术创作成果。展览开幕式由《美术》杂志执行主编尚辉主持，中国美术家协会名誉主席靳尚谊，中国国家画院油画院院长、中央美术学院教授詹建俊，清华大学美术学院教授、博士生导师袁运甫，中国油画学会艺术委员会副主任钟涵，中国美协党组书记吴长江，中国美术家协会副主席、中国美术馆馆长范迪安，清华大学美术学院院长鲁晓波，清华大学美术学院党委书记、著名雕塑家赵萌，中国油画院院长杨飞云，著名画家陈丹青，华东师范大学美术学院院长、著名画家周长江，清华大学美术学院教授刘巨德，中央美术学院教授赵友萍，中国油画协会副主席、中国国家画院油画院副院长张祖英，还有古琴艺术家王鹏，中国家具著名专家田家青，国家交响乐团首席钢琴师冯丹，清华大学美术学院副院长、著名学者张敢，时代美术馆馆长王艺，和静园美术馆馆长李冰，美丽道国际机构董事长沈桂林，筑中美术馆馆长白春丽，上海新闻晚报总编辑钮也仿，中央电视台焦点访谈节目再军，中冶集团副总裁、康保在京同乡会会长李世钰，著名雕塑家魏小明，油画家王克举、闫平，王宏剑，郑艺等专家学者和著名艺术家出席了开幕式。靳尚谊、刘巨德、范迪安、赵友萍、杨飞云、陈丹青等嘉宾在开幕式上发表了致辞。开幕式结束后，展览理论研讨会在中国油画院召开。

忻东旺 问 160×130 布面油画 2012

陈丹青：

大家好，诸位老师好，昨天下午我特地先到这个展厅很认真的看了一圈，因为开幕式就没有办法看画了，忻东旺正好在这，他总是很谦虚的要我给他的画说一说，然后我就说了，我想从三个感觉来说，一个是他的风格意识。第二个是他的写实和变形之间的关系。第三个就是难度。我等一下往下讲就会忘记的，所以你提醒我，就这三个，我想试试看来发挥一下。

你是1963年生的，小东也是1963年生的，你看咱们油画的这么几代人从靳（尚谊）先生詹（建俊）先生，到更早的徐（悲鸿）先生那一代人，然后到我们这一些文革后的，50后这代人，其实我们一直想做的事情，我们这三代人其实都没有在自己身上一个人做到，我们有很多理由可以说。比方说徐先生那一代遭到战争革命的耽误，靳先生和詹先生那一代遭到政治运动，我们这一代开始情况好了，20来岁能够考上美院然后出国，但至少在我自己身上，我觉得那几代人留给我的命题就是怎样先把所谓西方的油画能够学到手，第二步怎样找到自己的路。说的大一点就是中国的路、民族的路。我们还是很难摆脱这些大命题，但我相信我一定没有做到。出国以后一看傻掉了，咱们根本什么都不算。可是我在90年代发现了刘小东，然后在90年代末发现了忻东旺，他们是60后，我想我应该非常肯定的说前几代人想做的一件事情，就是把非常坚实的，完全在自己主控当中的写实油画技巧拿到，同时真的拿出自己的面目，差不多一直到刘小东和忻东旺才做到，而且他们的能量远远超出我的想象。两个人一个是农民的孩子，小东是个小镇上的孩子，他跟前两代学油画又不太一样。我这一代靳先生詹先生一代其实都是江南的，或者北京有文化的知识分子的孩子，可是

为什么到了60后像小东和东旺，从小地方来的。事实上你们一开始非常自卑，然后也非常不服，非常向往，年纪很小来到北京跟一帮牛逼人见面，我相信你的路比小东更困难一点，因为你不是来自中央美院，咱们这个圈子里还在讲这个。我记得我2000年回来的时候，你特意请我吃饭，你说"中国油画界让我佩服的人非常少"，这句话是一个年轻人在圈里混，一方面尊敬所有名家，另一方面非常自信，非常痛苦的在自信，老子画的很好，有一天你们会知道我画的有多好。你有这个，小东也有这个。你们绝对是天才，天才有一个特征就是对风格的自觉很早很早就开始了。小东不去说了，我想会有另外一番话对小东说，但在你这里我发现你对风格自觉，同时非常自信，我一看到你的画就发现，你不是中央美院的路子，你也不是苏联的路子，你也不是欧洲的路子，你也不是中国土油画的路子，非常奇怪我到现在还是很难定义你，这些东西你明确的师承在哪里？没有。你一开始就找到你自己的风格意识，而且当中很少动摇过，就像小东，小东他追求风格的方式跟你不一样，小东的言说系统差不多还是综合的，中央美院的一部分，欧洲的一部分，苏联的一部分，还有一部分美国的，如果不去说他的内容，不去说他的天分，只是他的语言来说，他还是有一个传承，你没有，我非常奇怪，你没有，你最早是什么学校的？你说过我忘记了。山西晋中师专。我现在常会碰到很多年轻人不愿意告诉我他是什么学校，怕我看不起他，在中国还有这个情况，但我觉得这个情况应该过去了，我们今天的天才和庸才已经跟名校不太有关系了，我觉得70后、80后，我经常会发现一些毫无来路的青年，做装置或者做行为，做的非常好，这时候我们不能再有名校情结了。中央美院十几年前就在讨论，就是一个中央美院在中国独大的情况真的应该过去了，一个学校保证培养一群人，这个情况已经结束了，我觉得应该警惕各个学校有个别的天才在出现。你还要跑到中央美院去，你仍然非常在乎这件事情。你可能体验过所有60后、70后在这个状况当中的自卑，但是你从来没有受到挫折，你很顽强的在走自己的路，什么路呢？我就讲到第二个问题，变形和写实之间的问题，这个问题也是困扰几代人的，我很早就反对"油画民族化"这个提法，同时也反对改革开放以后吴先生"形式决定内容"，我都反对，我都怀疑这个命题。这会把问题简单化，一个是把"民族化"简单化，一个是把西方现代主义简单化，简单到最后剩下一个，就是咱们来变形。从飞机场壁画开始，从"85运动"开始，从后来的有迹可循的运动开始，一个最最简单的办法就是变形，拼命变形，其实这是把这个问题极度简单化。所以从写实领域走出来的几代人，在变形当中最后都离开了写实。你可以走向表现主义，你可以走向抽象画，你走向古朴都可以，可以变形，像政治波普、四大金刚全是大变形，可以，但是它离开了写实，已经不再是写实绘画。忻东旺从来没有离开过写实，我不知道你怎么做到的，就是完全靠变形，没有一幅画是准确意义上的、我们被告知的写实主义传统。

我一直认为中国从徐悲鸿开始一直到现在，写实主义传统从来没有真正建立起来，一部分是因为政治原因，一部分其实是我们自己的误导，这就是为什么看到刘小东然后又看到你，我会那么兴奋，这才叫写实主义。当然真要来说这又是长篇大论，可以分析。我不知道你怎么做到，你居然让写实变形的这么剧烈，同时又没有离开写实。你可以把一个人的脸画成那个样子。我试图仍然严格遵循苏联和欧洲的写实，但是我做不到变形，我也反对我自己的很多东西，我一下子也总结不出来，所以我会觉得我从拒绝接受到很接受，甚至想看一次你画画，到了这样的一个情况。我刚才听人家说你好像不到50岁是吧，多好的年龄，发展空间还大着呢，希望你以后拿出更加打动人心的东西，一定能的！

我在你那里看到变形的可能，我昨天跟你说过，我看你两张那么大的肖像，然后看到你所有的脑袋，我想不出这张脸用另外的画法怎么才能表达出来，这就是风格，风格是不可更动的，一定是属于这个人的。

所以我昨天说:“向忻东旺同志学习!”我发现我做不到,我们没法学你,学不到的,这是你身上的东西。

再接下来我就要讲到难度的问题,咱们都是画画的,我今天早上刚刚把我昨天画的画全部刮掉了,算了,可能因为我昨天下午看了你的画,太难太难了。在座肯定有画画的人,咱不要说这些脸这些胳膊这些衣服有多难画,我自己画过最难的不是这些,是哪些呢?是裤裆里的东西,每一个裤裆每一个裤脚管每一个高跟鞋和高跟鞋之间的关系,这个是最难最难画的,同时也是最美的部分。我记得我到意大利看大壁画,挂的很高,我只能看到一排鞋,我在印刷品上从来没有发现脚会这么好看。但是在中国的写实主义,无论从主义上还是从技巧上,从来没有真正建立一个完备的系统。我们很少找到一个就像东旺这样的,刚才好几位也说到,巨德你也说到,东旺除了非常会画脸,他非常会画手,非常会画脚,非常会画鞋,非常会画走入到他这个画面里的每一件东西,这太可怕了,刘小东也很会画,但是他是另外一种能画。东旺他还有很多简略的部分,完全用平面的方式,去把它画出来,但我们不能说那是平面画,那仍然有空间、有厚度、有结构,所以你自己应该讲讲,你怎么会做到这个,虽然讲了也没用,我也学不到。我要是跟你同岁我会非常妒嫉你,你怎么做到的?我相信难度,我们的考试很难,我们的教学也很难,但我不认为那个是难度,那是被要求的难度,而忻东旺干的事情都是一个画家给自己找的难度,而且他的快感就在这个难度里面,大家注意看他的画,这幅画你交到另外一个人手里,一塌糊涂一败涂地,我自己画画我知道。所以今天我把我的画刮掉了,太难

《成长》创作谈

如果说生命的长度是以时间来计算的话,那脚步就如同钟表上的指针。针周而复始地跳动着,但它所丈量的时间意义则永不重复。孩子的每一双鞋子都见证了自己的脚步。时间流逝了,脚步却印迹在鞋子里,宛若“金蝉脱壳”般的无畏且孤独。儿子的脚突飞猛进地长大,短暂而剧烈的时光凝固在一双双鞋子中 ,有欢笑,也有迷茫。我从每一只鞋子上读释着那成长的生命。

《夫妻》创作谈

这个时代涉外婚姻早已是平常之事了,但也常听到没有好结局的,一般都出现在演艺圈。这二位却是令人羡慕并不由得想祝福的一对。丈夫安东尼是法国眼科医生,性情温良,工作和家庭都平衡投入。妻子海燕是中国杭州农村姑娘,外语专业出身,在法国一家大投资公司工作。他们有两个可爱美丽的混血儿女孩儿,中法双语表达自如,从她们身上仿佛可以感受到世界人民大团结的美好前景。画他们我是想表达人类最和善的一面,我用中西结合的形式语言以渲染祥和的气氛,并以最朴素的命名表达当代人的胸怀。

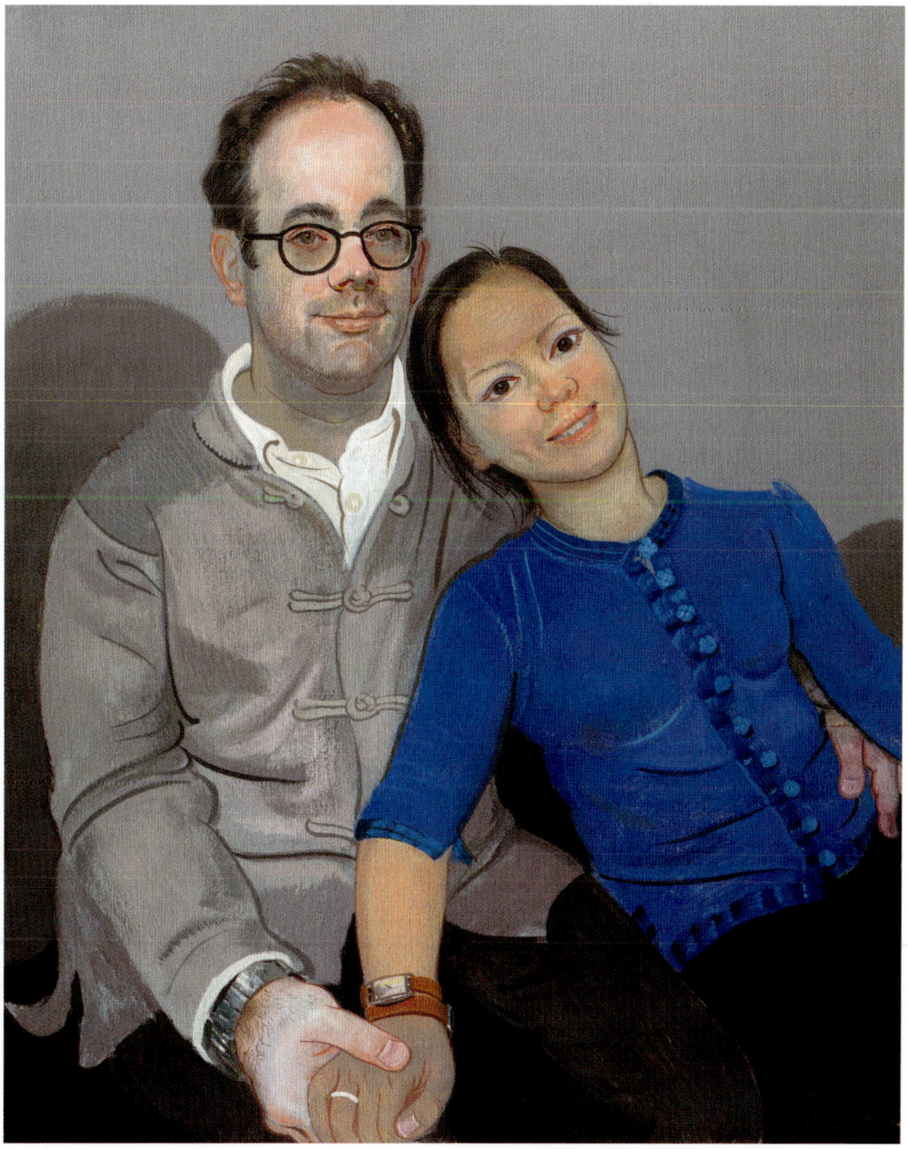

忻东旺 成长(局部) 布面油画 2012

忻东旺 夫妻 80×65 布面丙烯 2013

太难了。我相信忻东旺是一个很特别的情况，因为再往下走，情形又不是很乐观，第一绘画已经边缘了，第二当代艺术也发生很多问题，包括所谓具象画。今年你50岁，我相信你的价值在你60岁70岁大家会更明白。

这个展厅非常让我惊讶，2005年我没有去你上海那个展览，我去了你在中国美术馆那个展览，当时我觉得你是一个画农民的画家，现在又快8年过去了，我想不是这样。同时我又好奇你的眼光，这个眼光跟你的难度是什么关系？因为你真的是用农民的眼睛在看农民，看现在的市民，我仍然是用个上海人的眼光在看农民，小东也是这样，小东是用一个东北小火车站长大的孩子在看，带着他的愤怒或者他的欲望在看，你带着你的既不是愤怒也不是欲望，但是别的东西，你们俩有共通的动物性，但小东强调他的动物性，你没强调动物性，你在强调你的人性，但把你的人性关注呈现到你刻画的人物脸上，在我看来是一件很危险的事情，就是有卡通化和漫画化的风

《职责》创作谈

人逢半百，生命中少却了许多疑惑，朋友成了毫不犹豫的缘分了。朋友是公务员，在他凝重的神情中我解读到了信念、责任与困惑。

忻东旺 职责 60×50 布面油画 2013

忻东旺 桃 28×36 布面油画 2010

险，非常奇怪的是，你最后全部把它拉回到现实。所以你是一个非常个案的人物画家和肖像画家，如果要讲清楚这件事情，我相信在座一定有博士生之类的，你们可以作为一个命题，就在写实和变形之间，在油画的难度和这几代人的命题之间，东旺这个家伙怎么会做到这个地步。大约就说这些。

范迪安：

尊敬的艺术界各位前辈，老师，还有这么多在油画艺术中的创作实践，探索，也积极支持整个油画事业的朋友们，大家聚集在一起，我对忻东旺的展览能够这么大规模的举办首先是感到非常兴奋，因为虽然这么多年来，我们在油画的各种展览中能够看到一批中年画家的身影，看到他们不断拿出自己的新作，来参与油画的学术建设，但是能够看到这么一个大型的个展，还是感到十分震撼。

在靳尚谊院长讲话之后的讲话是十分困难的，靳尚谊院长真是十分十分的敏锐，他对学术发展的最重要的问题总是具有洞察式的思维和目光，他刚才对忻东旺艺术的简短的评价给我们许多启示。在改革开放这几十年的油画发展中，从理论的角度始终在期待一种新的气象，那就是中国油画在学习西方的优长之后如何能够回到自己的土壤上。一人批老画家做了这样的榜样，一大批中年画家也是在瞄准这个目标，或者说更加清晰地为这个目标去努力。忻东旺就是一个典型的代表，从艺术分析来说，我个人感觉忻东旺的作品最初是一种要彰显自我性格的艺术。我看他的作品，在十年前，或者更早一点，我经常会想到尼采，西方的哲学狂人说的一句话，叫做“瞧这个人”。忻东旺就是想让自己画中的

人被别人注意，他要画出对这个人非常透彻的感受。东旺看上去很平和，但他的心里有一种要找到很能够用甚至比较极端的语言来刻画他所面对的形象，这是他在语言上的特点。另外一方面在社会关注上有他的特点，那就是靳尚谊院长刚才讲的以农民工这个群体为对象。但这个展览使我看到他在两个方面都有变化或者说有更新的进展，那就是他不仅画农民工而且把目光放到了整个生活，他所熟悉的周遭的社会各界的人，这是他一个很重要的，不能说是调整，而是更加宽阔的去表达今天的现实，所以他这样一个人物的形象，可以是一幅大的主题画，这样的画家可能不像老前辈那样只画主题性创作，他是围绕着主题性创作去构思，他整个绘画的总体追求就是一个主题画，所以我在这个展览中看到了一张巨大的反映今天社会现实，中国人精神面貌生存状态的主题画。笔调也越来越宽阔，越来越放松了，画面色彩的结构也越来越丰富了，多样了。这些都构成了忻东旺整个的艺术结构，有了崭新的面貌，有了更高的学术水平。在这里预祝忻东旺的展览，取得圆满成功，也要多听各位的高见。谢谢。

靳尚谊：

在开幕式上让我讲话，是突然袭击的方式，所以我没做任何准备。忻东旺是美院进修班的学生，90年代到90年代末两次学习，原来还是比较年轻的，现在已经步入50岁了， 50岁在以前是年纪很大了，但是在这个时代应该说还是比较年轻，还属于中青年。

最近十多年我们国家的油画发生了非常大的变化，很长时间我们都是在研究基础，80年代到90年代，我们的油画不断地开拓出现了很多风格，这十多年所发生的变化应该说是走向成熟了，但中国是一个大国，是非常特殊的一个国家，他的任何现象都是和西方完全不同的。这个展览是忻东旺这些年来的作品，我有好多年没有更广泛的看他的作品了，这次感觉跟以前有延续性，但是也发生了很大变化，叫什么呢？我想了半天，一个词，就是“古典的当代性”这么一个现象。这是西方没有的，中国很特殊的现象，反映的是这个时代的各阶层的人，早期画农民工，现在城市的青年老年都有了。东旺身处壮年，因此画面是非常有力量的，看来很有劲，每张画都很有力量，另外极其熟练，这种力量和熟练程度我都做不到。做不到，这是实事求是的说，应该说是中国这些年来各个样式发展里头的一个现象，还不错的，别的不多说了，祝贺画展成功。另外我还要再说一个，就是开幕式非常特别，这个开幕式体现了当代社会当代中国的新现象，盛况空前但是跟以前不一样。它既有学术性又有商业性，反映了经济的繁荣和市场的兴旺，虽然我们现在经济处在转折不太好，但是总的讲，处在兴旺的市场繁荣的一个阶段，最后，祝画展取得圆满成功。

刘巨德：

各位前辈各位老师朋友们同学们，大家好。忻东旺老师的画展，在中国油画院开幕，确实是美术界的一件喜事，我看了以后非常激动，虽然我也经常去看忻东旺的作品，特别是他在上课给学生做示范写生的时候，我经常在旁边观摩，我发现他对人物的精神状态以及他们的生活现状，特别敏感，敏感到每一个细节，每一个脸上身上的斑痕，甚至是每一个毛孔，在我所看到的画肖像画的中国画家里，可以说是最为敏感的人，同时他的又是一个心胸特别豁达，宽广的人，他本来已经是名家了，但是看了这个画展以后，我发现他还在不断地做功课，默默地登高楼，向更远的地方去遥望。

忻东旺不断地超越自己，甚至把他原来很多个性化的特征延伸在更加广阔的中国画的博大精深里。确实像靳尚谊先生所说，他是一个古典的当代艺术的化身，他既把西方的古典吸纳融化，也把中国的古典进行了消化。所以在某种程度上可以说他是一个包容中西包容经典的画家，但同时他又孕育出了他所目击的当代中国的艺

《戒》创作谈

小戈，少年时的画友，我们结交的时间短暂而难忘。比较起来与儿时别的朋友更为亲切，其原因大概是爱好相同所致吧！近年来来往较多，在我的心目中却有了两个小戈。少时的小戈细杆身材，端正的绿军帽下一双浓眉大眼，清秀的面庞上流露着满脸的诚挚。二十几年之后的小戈，除了这我难以改口的称呼外，别的都是陌生的。这两个小戈在我的认知中如扫描仪指针一般，搜寻着心理上的对应，可他越来越挑战我的“承受极限”。我甚至快求他不要这样快速的“变形”了。但他总是沙哑的嗓音意味深长的叹息。“喝酒也是为了生存”……

忻东旺 边缘 160×150 布面油画 2001

忻东旺 戒 100×80 布面丙烯 2012

术，也就是他所说的"相由心生"的意思，是他心里出来的艺术，我看到他后来的肖像把很多敏感的细节全部给隐藏到了更加神性的面孔中和精神中，每一个细节他画到最大的极致的时候，我们看到有两张特别大的肖像，他把那些敏感的细节，夸大，放大到极致的时候他自己又特别含蓄地回到了让人第一眼没有看到的，但是更加丰富的每一个细节里去。

所以我看到他的艺术，精气神极为饱满极为强悍，他不仅可以说是中国当代油画研究里不可缺少的一个人物，而且我感觉他还会开创一个新的未来。这个未来是我们难以想象和估量的，所以我特别向他祝贺，也向他学习，谢谢。

杨飞云：

非常非常的高兴，借用年轻的多产的

忻东旺先生油画展览，能够聚来这么旺的人气，最最重要的就是今天请来了我们的恩师，请来了这么多学界的朋友，还有很多很多学生，大家一起面对油画课题，也面对忻东旺拿出来的作品，做了非常精彩的开幕式和研讨，我不善于讲话，我对忻东旺艺术上的认知已经在前言里面写到了，今天高兴的就是又一次比较深入地面对当下中国写实油画怎么发展下去的很多问题，刚才已经通过各位先生在这里提出来，甚至有些问题的探索已经得到肯定。我想今天来这里认真听讲的同道们都有很多收获，我写了一点文字，我还是念一下，一点小的认识。

应该说当代中国油画有一片属于忻东旺的天地，因为从90年代以后年轻的忻东旺率先在城市里面画农民工，以他的前瞻性和敏锐性打开了描绘农民的新视觉，在文化界引起了很大的关注和影响，同时他自如的绘画能力得到了同行的赞扬，他的写意而不是真实细节的写实风格也赢得了众多的追随者。忻东旺的高产是出乎大家意料的，他是非常富有绘画才能，他非常热爱绘画，他的写实油画用油画的体块和中国的造型，线条，极富中国人的书写性和绘画的表现力，他的人物造型借鉴了传统艺术，尤其在近些年来，得益于民间木雕和石刻，有意把人物比例缩短或者拉长，有意去夸张表现，但都是真实具体的人，都是从写生当中得来的。忻东旺的肖像画及群像画，富有情节性，生活的细节组成他的画面趣味，又传达出人物性格与现实生活非常丰富的信息。

改革开放以来，中国社会的城市化建设进程飞速变化，我们知道农民工的贡献是非常巨大的，但这批人是不受关注的人群，忻东旺早期以他生猛的画笔勾勒出农民工在现代生活中的焦虑困惑艰难迷茫憧憬和失落，他的民工像有对现代社会变化的陌生感，也有落差当中的尴尬，有低层

忻东旺 姐妹 100×80 布面油画 2006

忻东旺 椰子 60×50 布面油画 2010

生活里的满足感，也有改变现状的渴求，有半农民半市民的身份，也有一种本身不完整但追求新生活的愿望，那些期待的眼神里，反映出人性深处强烈的生存欲望，与改革命运的渴望，忻东旺的人物众生像，确实是挑战了常态的审美，尤其是我自己认为的审美，刚才赵友萍老师也说到，向我们展示了人性另外一面的丰富性，特别是表现了底层人性的人文关怀，同时展现了改革历程的阶段性的侧面，成为中国当代具象写实绘画整体格局中一个难得的独特的发展，我们希望通过个案独特性的研究展览，向社会展示忻东旺的艺术历程和探索，也希望此次展览能够对他过去的创作活动做一个清晰的总结，此展作为他未来道路的开启。

忻东旺的艺术始终关注现实人群，始终从生活中来，始终也从写生中来，他正处于绘画的旺年，对绘画艺术的强烈热爱和勤奋的工作，将会为他自己开创一个更加广阔的未来，忻东旺正处于旺年，50岁，按照年龄我们知道中国艺术家像齐白石黄宾虹都还没有到变法的年龄，所以后面有更宽广的路，同时也走到一个更难走的时期，在今天我们迎来好的时期，但愿他能够承载今天这个时代，画出配合今天这个时代的更好的作品，前途无量。祝他展览成功，谢谢大家。

赵友萍:

我不记得是哪位老师讲的了，就是拉菲尔画完一张画以后，他这个街区的人，高兴极了，就出来给他庆贺，左邻右舍都来祝贺，反映了对艺术的热爱，对文化的向往。我觉得咱们也有点这样，今天我一来就觉得这儿的人很多，因为油画院是很有吸引力，很有凝聚力的。我觉得这是一个好的现象，说明出席的人都是对于文化对于艺术特别的爱和向往，所以就甭管远近，都来了，就挺好的。

实话实说，忻东旺的画我开始的时候是很拒绝的，也许是跟我自己原来的审美习惯很不一样，我说忻东旺他画的人怎么都这么难看呢，不好看，后来我看多了以后，我觉得看多了以后对我来说是什么呢？是一个审美的开阔，就是扩大了自己的审美。

《早点》创作谈

画这幅画的起因是我每天路过胡同里破烂的红砖墙上歪着一块写在三层板上的两个红字“早点”。我每每看到有人端着热气腾腾的豆腐脑、油条之类瓷碗铝盆塑料袋的，从挂着牌子的破烂砖墙缺口处涌出坐在路边的小餐桌上时，着实有些羡慕，特别是散落在地上的鸡蛋皮更是让人有些忌妒，如果是夹杂着餐巾纸在一起，那无疑就显得优越而得体。因为大多数人都只是用包油条的麻纸胡乱一擦了之。我一边羡慕人们那永不疏忽的早点，一边憎恶那些边吃边吐痰的人们。但我总有一种莫名的感动，感动于这种因地制宜和不屈不挠的生活气氛，感动于人们那种满足踏实的神情。是啊，吃是人六欲之首，是人生命的最基本保障，所有的自然进化似乎都和吃有关，饮食的发展与演进是人类超越其它动物的最基本标志。同时人超越其它动物的重要标志还有是食欲带来的精神享受，从而发展为饮食文化，尽管饮食文化导致当今社会的极度奢靡和道义的衰败，但生活在社会底层的广大人民还不能悠然感受文化的意义，他们可以感受到的只是生活的艰辛和赢得食物的欣慰。不同的吃有不同的人群，不同的人群有对吃不同的心理感受。吃的豪迈、吃的潇洒、吃的真切、吃的诿尔是大饭店里客人们的风采，而在街边摊上吃饭的人则总有一种隐匿心理，不愿意别人看到他们内需的切望之态，但又不得不忍受路人无意的窥视，因此大都酣畅而尽，完事马上离开，以尽快恢复各自的持重和坦然。无论如何这里吃的是气定神畅、六俯俱安。接下来的是新一天开始每个人都将迎战阳光和面对困惑；而这一切都已在人们未放下碗筷时夹杂在饭菜中。

忻东旺 早点 200×190 布面油画 2004

忻东旺 无题 60×50 布面油画 2013

我原来有固定的审美习惯，理解不了他这个美在哪呢？慢慢看，后来我才明白。刚才陈丹青说到忻东旺是个天才我是很同意的，我也不知道他师出何处，但是我觉得他对于绘画的基本东西掌握得很熟练，看得出来是非常非常用功的。我感觉他的画有一个特点：很中国。虽然画的是西方的油画，但是很中国，中国在哪呢？我觉得首先不管是什么时间，不管什么空间，他主要针对的是人，所以我觉得他有点像中国画里的肖像人物，尤其他画的几张人体更是这样，给你一块白布，然后上头我要画什么就画什么，别的我都不给你画。这是用了一种非常简洁非常主观的办法来表达自己的艺术感受。还有一个是什么特点呢？就是他的空间是理想空间，不是生活的具体空间。

忻东旺是很特殊的一个画家，得好好研究。另外一方面我觉得他是以神取形，神形兼备的，觉得好像是身子短了，好像比例不对，怎么那么别扭，可是你再去看你还是被它吸引，为什么？它是一个具体的人，他表情的具体性，此时此刻的精神状态的具体性，他是一个活生生的人，别的全忘了，我是按照自己习惯的审美来看他的画，我有这种感觉。

另外我感觉有点残酷，怎么说有点残酷呢，我觉得他关注的是很艰难的一个人，他画的一个小伙浑身都是蚊子咬的包，那肯定是在八九月份，那蚊子最猖狂的时候，咬的浑身都是包，但是这种东西也很能打动你。我就觉得忻东旺老师是个好人，他对于这些人有很深的同情，所以我感觉咱们中国人也讲“以天下为己任”的大的胸怀，没有大的胸怀不会这样。所以我看开始看他别别扭扭，后来看着看着不别扭了，觉得非常生动，他这种真实是艺术的真实，它不是我们眼睛或者照相机里的真实，我感觉他从生活到艺术是一个比较大的跨动，咱们一般画画的人，怎么想办法从生活

到艺术是比较艰难的努力的过程，可是他一上来就能抓到艺术的最根本的东西。所以我现在也不拒绝他的画了，我就想好好看他的画，尤其是我刚才看画册里头他在画之前那些想法，我觉得这是非常严肃认真的人的做法。

另外他对于对方这些人的尊重，是从心里发出的。尽量想办法不要伤害到别人的自尊心，尽量想办法尊重别人，然后再想办法找到对象本身的精神上的特质。所以严格的说我感觉他的画色彩变化不是很多，比如说很多人的颜色都差不多，可是你也都忘了，或者比例上是哪短点哪粗点，全忘了，看的就是这么一个人，他把握住了社会最基层进行最艰苦劳动的人，在打拼、在挣扎时的那种状况。所以我认为是挺人道主义的，我感觉他对于艺术的理解相当的透彻，这也许是他关注的对象和整个的情感都在他所表达的人物里头，所以他表达的挺好，这些人物非常生动而且非常具体。虽然他的颜色我感觉还可以再有所表达，你看非常红，可以说是高原的藏民，脸上积累了很阳光的笑容，色彩本身也是动人的形象，但你要是不想往这方面追求没关系，因为艺术最根本的还是以情动人，情到了以后，光线环境为我所用。这一点我感觉跟中国画有很多相似之处，总而言之我觉得他的画里头可研究可学习的东西很多，我一下子也总结不出来。我觉得我从拒绝接受到很想接受，甚至想看一次你画画，到了这样的情况，我刚才听人家说你50岁是吧？多好的年龄，发展空间还大着呢，希望你以后拿出来更加打动人心的东西，一定能的。

周长江：

今天非常高兴能够出席隆重的，非同一般的开幕式。忻东旺是我的老朋友，可以说他是60年代中国现代油画界的杰出代表，今天是他上海那个画展8年以后我第二次看他比较全面的展览，这个展览给我蛮大的震动，我觉得他和8年前上海的展览有很大的不同。他的题目叫“相由心生”，我觉得非常有道理，从两个方面来看，第一他是一个非常好的肖像画家，而肖像画家所研究的就是肖像，他现在画的所有人都是现代社会的，我们生活当中非常习以为常的周边的众生像，这个众生像在他表现以后让我们看到今天这个时代，同时也看到忻东旺对今天这个时代的理解，所以这个像从广义上来说是群像，这个社会群体的像。但是我看画以后，我更感觉到他另外一层意思“相由心生”，心是忻东旺的心，忻东旺对每个个体的具体人的透彻的理解和表达，是他个人的心声，所以“相由心生”两层意思表达了忻东旺在绘画上的成就。我刚才说了，我觉得他是60年代非常优秀的画家，他在技术层面是没有困难的。我是在大学上课，现在很多年轻人很难静下

《家兄》创作谈

画画犹如谈心，越是家人越是嘴里无话可说，特别是兄弟之间更是羞于出口。画家兄是我鼓足了勇气所为，生存的沧桑已然写满了他并不年老的脸庞。但是家兄是个内心乐观的人，在他的脸上信心突围着残酷的现实。梦想永远是人生的旗帜，而身心在时光的鏖战中慢慢投降。

忻东旺 家兄 60×50 布面油画 2013

忻东旺 明霞 布面油画 2007

心来学技术，但是忻东旺这一代人完全没有这个障碍，你如果要很好的表达的话，前题就是要有技术支撑，没有技术支撑你很难表达你的形象，忻东旺用他非常熟练的技术解决了他的问题，他现在要走的是要更深刻的用"相"、用"心声"来表达，陈丹青刚才评价的非常准，当时他讲到的两点，一个是漫画，一个是动漫的那种效果，我觉得在非常具有风格的这样一个肖像画里边，我相信忻东旺凭他的智力和智慧可以处理得非常好，可以出更好的新的肖像画，能够代表我们这个时代，代表忻东旺的艺术高峰，我在这里向他的展览表示祝贺，也希望看到他以后更好的作品。谢谢。

赵萌：

确实有点意外，画展很意外，现在让我讲话也很意外，首先，向各位在座前辈们

《阿依古丽》创作谈

新疆维吾尔族姑娘或塔吉克姑娘之美丽，在我脑海里的印象还是在以往画家的作品中形成的。等我亲自见识到那种美，还是有些震动。大街上看到漂亮的维族姑娘很多，但并不有机会为我们做模特儿。这位姑娘是新疆师大的朋友帮忙请来的，当我见到她时，足足有半个时辰没有心情动笔，原因是这位姑娘的容貌出乎我意料。当时那种窘态可想而知。但是很多人在等着看，我不能不画，再说这样该会伤着姑娘的脸面。又经过一段时间的摆弄，我终于对她的一个姿势和表情产生了兴趣，那种感觉颇有绝路逢生之意。她的美终于在柳暗花明间呈现了，这时我感叹道："唯美的生命力，原来如此之伟大！"虽很难说从这幅画会唤起我"唯美的知觉"，但这幅画得以产生的理由和契机确实是唯美之意。当时在场的维族画家买买提•艾依提老师为我翻译了姑娘的名字：阿依古丽就是月亮花的意思。这朦胧诗情的名字更是熏染了我的画意。

忻东旺 阿依古丽（月亮花） 60×50 布面油画 2006

忻东旺 藕 36×28 布面油画 2010

致敬，也向今天参加忻东旺老师的展览的这么多来自方方面面的艺术家们，表示热烈的欢迎，借此机会也代表清华大学美术学院对忻东旺老师展览圆满的隆重的盛况空前的开幕，表示热烈的祝贺。

首先忻东旺是位教师，教师是一个社会身份。当老师容易，当老师同时又当画家不容易。当老师首先他是知识的传承者，他首先对人类已有的文化和艺术，有一个整体的把握和梳理，更多的去了解共性，将这些知识传授给学生们，做画家他更多的是凸显个性，凸显他对共性理解之后的自己独到的见解和学术理想，学术思考，还有他自己一系列技法上的追求。所以忻东旺既是一个非常优秀的老师，又是一个非常优秀的艺术家，二者都达到如此的优秀，在今日来讲十分难得，十分可贵，十分罕见，所以我想代表学院也向忻东旺老师表示崇高敬意。

第二点我觉得忻东旺老师的作品描述了30多年中国的改革开放出现的变化，今天来到这个空间忻东旺老师的每一幅作品都可以看到这种回声，可以看到13亿中国人这30年的精神面貌的深刻变化，生活方式的深刻变化，我想在这一点上来讲，忻东旺老师他不仅仅是面对着三尺讲台，他在讲台的三尺课桌面前胸怀天下，何为天下？天下之苍生，苍生就是每一个活着的13亿的中国人。忻东旺老师把芸芸众生的内心世界那份最难触动的感动，他捕捉到了，所以看每一幅画的时候，貌似非常简单的构图，但是给予我们的是一座座中国人平平淡淡的小人物的纪念碑，在他们身上看到了这个民族内在的精神，我想恰恰是这种精神构成了今天，中国人用30年完成了世界人类历史的一次伟大的跨越式进步，我想，所有的人都会为忻东旺的这些画深深的感动。忻东旺老师画中的这些人如果能看到你形象的作品，他们内心更有那份触动更有那份感动。忻东旺老师的这份努力这份贡献，事实上也已经成为中国当代艺术的一个重要组成部分，同时他的这份努力也标志着中国油画在当代发展中的新的水平和新的境界。忻东旺老师今年才50岁，还有漫长的道路，还会有很多新的作品问世，我们大家由衷的期待着，相信他一定会给大家带来新的奇迹，谢谢大家。

《伫立》创作谈

这是一位楚楚模样的姑娘，看似无奈地站在我面前，她羞涩的神情里挟着挥之不去的倦意。一问她话，脸就红得像熟透了的桃子一般，难以想象这样一位姑娘竟然当过保安！姑娘说她15岁就离家出外闯荡了，我也不忍再问太多，好让那些心酸隐蔽在那姣好的面容中，不愿刺破。她着装明亮，明亮得恍如警示，是美好青春遭遇艰难现实的惊叹，我感动于她全然不觉的自在，但是我仿佛读到她身上的每一件衣服都向她表达着歉意，似乎有种寄生在她身体上的安全感，这是一种酸楚的美丽，或是美丽的酸楚，在她面前，同情的恻隐显得很渺小，而让我激动的是她那羞涩中的震撼和渺茫中的强大，这正是某种超乎我们意想的力量滚卷在时代的洪流中。

忻东旺 白菜 60×50 布面油画 2010

忻东旺 伫立 190×80 布面油画 2011

《庄严》创作谈

《心经》中有这样一句话："如来说庄严，实非庄严，是名庄严。"我虽然还不能确悟佛语真谛，但"庄严"这词至打我动笔开始就盘旋于脑际，我怀着庄严地心情画着庄严的老王。老王的庄严是发自对保安职业的理解，我的庄严是心里酸酸的，控制眼泪打转儿的那种。老王庄严的神情中流露出几分惊惧，而我庄严的心绪却尤如丛林寻径。我努力穿透视觉表象感受表情中的潜在。我希望笔触的方向与节奏编织为捕获精神意趣的"天网"。

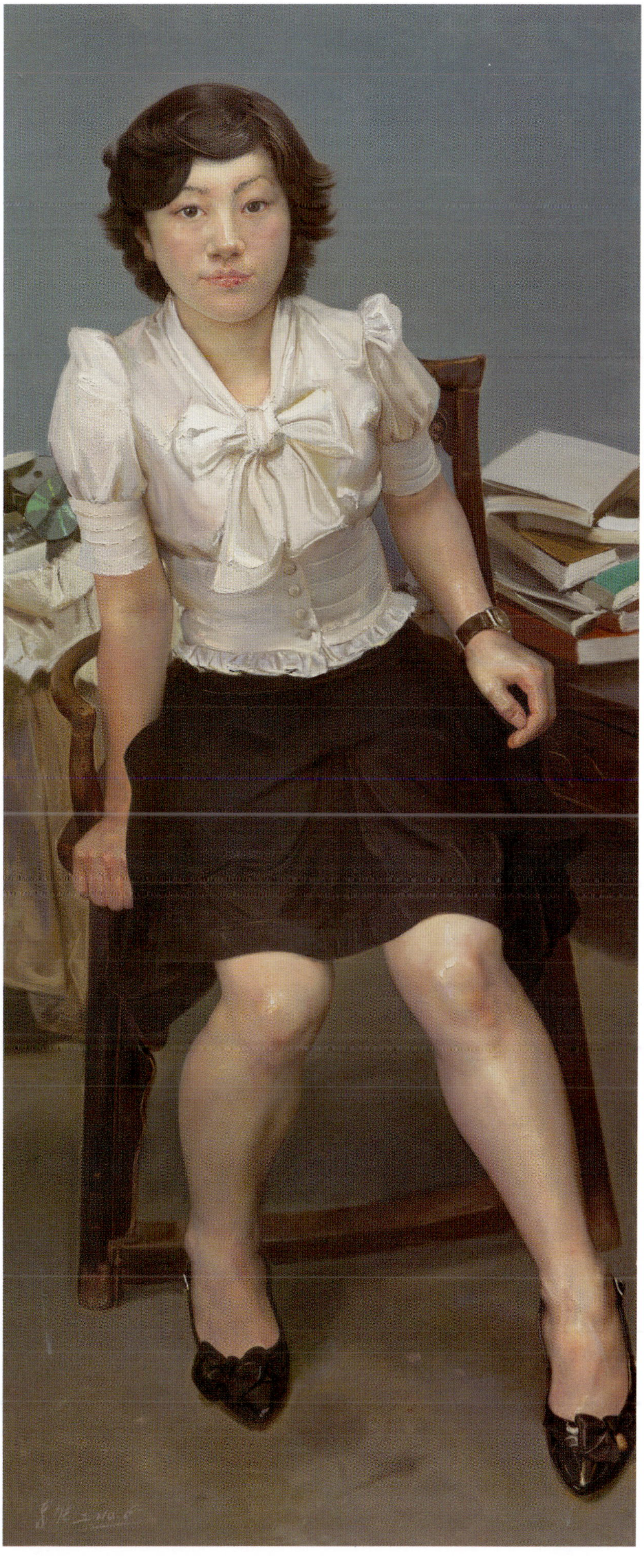

忻东旺 庄严 260×190 布面油画 2012

忻东旺 韩国留学生 160×65 布面油画 2011

中国美术馆

杨尧风景油画展

婉约与豪放相揉的画风

——读杨尧油画《卢沟晓月》和《狼牙山》有感

文/姜士林

我有幸拜读到他已完成的《卢沟晓月》《狼牙山》两幅抗战遗址风景画新作，得受教益大焉。两幅画作交相辉映，情景相生，清晰地展示出了中国油画傲立于世的具有中国特色的创作风格、创作道路；深刻地揭示了中华民族不畏强暴追求民族解放、走上复兴之路的伟大气魄。两幅画作，在技法上虽有不同，但都源出于画家深厚的中国文化素养，熟谙的西画技艺，由此而表现出一种中国油画家艺术创作的独到的中国风格。

两幅作品创作途径有别，各有千秋，但同出一源，显现出鲜明的中国风格。不管《卢沟晓月》在油画创作中渗入了中国风景工笔画的细腻风格，还是《狼牙山》在吸取西方现代油画突出色块构成技法的精华基础上又融入中国水墨山水画笔法，都呈现出一种以中国传统文化、中国传统绘画为基础的底蕴，都饱含着中国传统审美观念的独特神韵，此即两画之同源。这使观画者由衷发出赞叹：这是在中华沃土上成长起来的中国油画，这是中国油画家独领风骚的中华油画艺术！

鉴赏之余，有些粗浅想法，写出来，不知当否，不知对中国油画的创作有否裨益，特求教于杨尧先生及各位朋友指正。

《卢沟晓月》婉约豪放

《卢沟晓月》是一幅婉约中带有豪放气派的画作。画作的构图，婉约含蓄。淡淡的青兰色的夜空，占据了大半画幅，浩大而深邃，多有与中国画构图中的留白意趣相通。大幅青兰留白处，无声胜有声，意蕴无穷，显现出环境的宁静、庄严；衬托了画面主体物象的壮美，令人思绪驰骋，遐想无边，给人以无尽想象空间和亲切温润之情。淡淡的银白色月牙儿，悬挂在夜空之中，月色幽静而神秘，似乎有多少故事启人深思，增强了画面的含蓄。但《卢沟晓月》充满意境的构图，渲染出的是一幅恢宏庄严的豪放气派，它激荡起了观者对画作赞颂卢沟晓月壮美景色深厚情感的强烈共鸣。

与此同时，画作又以油画的透视功能，将卢沟晓月景色之壮美，缓缓舒展地展现出来，带有浓郁的婉约墨香。远处，卢沟桥头的城楼和宛平城墙形影虽小，但近景向两旁逐渐展开的雕有石狮的桥栏以及桥面稍有隆起、历经几百年车痕明显的卢沟桥渐现开阔、渐为壮观，则不但反衬出城楼的威严以及场景的宏大，且使整个画面升腾起卢沟晓月撩人思念的往古历史的意境。画家柔婉恬静地抒发了对卢沟晓月的主观情感，完成了实景的艺术升华，因心造境、以手运心的传统绘画理念渗透到西画的表现方法之中，大有婉约携豪放齐飞之势。

为更深刻体味《卢沟晓月》的艺术境界，今年春节初三，特地到卢沟桥实地游览。我站在画家作画写生时的位置上，细细考量，画作远比实景的气韵更加生动，气魄更加宏大。画家以自己充沛的爱国激情婉约细腻地开发出了卢沟晓月丰富的潜在内涵，而创造出了具有浓郁豪放气势的艺术境界，这是中国油画家融合中西绘画、中西文化而创造出的中国油画的独特色彩。

传统中国工笔风景画的细腻手法，是表现画家思绪情趣、表现画作旨要的有力工具。《卢沟晓月》的油画之笔，融合中国工笔的细腻手法，简洁而富于情感之长于其中，使油画线条在创作中更富于表现力。无论是对城楼城墙的描绘，还是对桥栏桥面的抒写，笔触或粗劲有力，如画面左部桥栏；或淡化含蓄，如画作右部桥栏。笔触恰当细腻的运用，突出了光色的变化，也

杨尧 广州农民运动讲习所旧址之二 170×170 布面油画 2012

大大增强了物象的质感，增强了画作的意境氛围。

卢沟桥石栏上雕有485个大小石狮，各具神态，这也是卢沟晓月景色千百年来为人传诵的一个缘由。油画《卢沟晓月》以油画之笔，精心刻画的石狮，画出了中国工笔画的细腻风采。淡淡的夜雾中，月光下显现出了石狮或明一些，或暗一些的玉石光泽，色彩单一，几近中国画白描的手法所勾勒出的座座石狮雕像，轮廓清晰，石狮形态、神态各异，极富不同个性，充满生命力。渗透着婉约笔韵的石狮造型，一样完美地体现了中国文化所称许的豪放风情。

作品所显现出的中国文化意境和神韵，自然而然地将观者带入了往古时代。这条横跨于卢沟河之上的卢沟桥，是北京一座最老、最大、也是最壮观的大石桥。桥上两边二百八十多根一米多高的望柱上，都镌刻着栩栩如生的大狮子，大狮子身上又雕着许多小狮子，姿态各异，玲珑生动。

人们赋予卢沟桥美丽的传说，每当五更鸡唱，斜月西沉，卢沟桥的月色格外妩媚，因而得名卢沟晓月。多美好的寓意呀。卢沟桥下涧水如练，西山似黛，每当黎明斜月西沉之时，月色倒影水中，更显明媚皎洁。清代乾隆皇帝秋日路过卢沟桥，得此良辰美景，赋诗“半钩留照三秋淡，一练分波平镜明”，并题“卢沟晓月”，立碑于桥头。桥下的晓月湖，月亮倒映水中，月色朦胧，更显明媚皎洁，一派旷世奇景。

建于1192年、金明昌三年的卢沟桥，从那时开始，就是中华南北大地往来的交通要衢了。卢沟河畔茶肆酒馆、招商旅店，策马驱车者、步行担担、风尘仆仆行旅，络绎不绝。古人诗云：“多少行人此来往，马蹄踏尽五更霜。”及至佛晓，鸡鸣三遍，残月倒挂，东方露出鱼肚白，天空、大地似银，诗意盎然，此可谓“卢沟晓月”之壮美。观赏《卢沟晓月》，联想翩翩，祖国壮美河山，得引国人竞折腰。

人们在观赏中，眼前时时浮起难忘的1937年！就是在那一年的七月七，丧心病狂、觊觎中华领土的日本强盗，悍然发动了卢沟桥事变，妄图侵占中国沃土。但是遭到了英勇的二十九军的沉重打击。当时全国传唱《大刀进行曲》：“大刀向鬼子们的头上砍去，二十九军的弟兄们，抗战的一天来到了！”二十九军的勇士展示了中华民族无所畏惧、宁死不屈捍卫国土的英雄风貌，千古颂扬！卢沟桥抗战历史展览馆门前的一幅对联：卢沟喋血传千古，晓月行空动八方，含义深长地咏叹了卢沟桥非同凡响的峥嵘岁月！

《卢沟晓月》，是在中华民族走向复兴时代的2012年完成的。画作使人看到了经过战火之后的有气魄的石桥，精力旺盛的石狮，碧波荡漾的晓月湖，卢沟晓月充满了诗情画意。画作内涵的丰富，让人情不自禁地想到了今日中国的富饶和强盛。晓月湖水波涟涟，它会激荡起更新更美的时代浪花。

此幅画作的丰富内涵，都是通过绘画情景含蓄、婉转地一层层展示出来的，都是通过景象自然而然地流淌出来的，呈现出中国诗画论所赞赏的婉约风格格调。它的成功，不是中西绘画直观地结合，而是中西文化相互融为一体所衍生出的一种中国油画特有的表现方法。我以为，除了称之为中国油画以外，再也找不出这叫什么油画的名称了。西方的油画大师囿于通晓中国文化需有时日，循此路而难以有所成就。但对热爱本土文化的中国油画家来说，则是创作立于世界之林油画的必由之路。只有民族的艺术，才是世界的艺术。

《狼牙山》画豪放婉约

油画《狼牙山》则使我们看到了杨尧先生这种中国化的婉约风格另一种表现形式。《狼牙山》大展中国画的豪放气派，把中国水墨山水画的笔法运用自如地渗透到色彩强烈的色块和刚劲有力的几何图形之中，大大增强了画作的艺术表现力。作品虽然突出了色块的作用，但它与西方强调色块表现力的现代派不可同日而语。把色块与水墨线条笔法运用相融合，这是中国油画家的艺术创造，是中国油画与西方油画不同的显著特色。

二者完美融合体现之一，画家把画幅主体山峰颜色设为中国人崇尚神圣高贵的杏黄色和与之相映衬的紫灰色对比，色彩强烈单纯互补；在主体平面上，画家又融入富于神韵的水墨线条的笔法，充满激情地以几缕粗犷而有力的线条勾勒出山峰的凹凸明暗，不但突出了山峰色块的表现力度，突出了物象的厚重感、真实感，而且充分地释放了画家的爱国激情、突出了人们所熟知的狼牙山五壮士的历史内涵，鲜明地表现出了狼牙山威严、雄壮的物象个性特征。

二者完美的融合，创造了丰富的意境空间。画家在创作思路上，依据中国画强调画家感受、不受实景环境、光线、色彩等等条件的局限，对物象进行大胆地概括提炼，把实景的真实上升为艺术的真实，以最少的笔墨表现最丰富的内容。画作没有抒写狼牙山的群山群峰，只是按照画家的心态细腻地刻画了狼牙山的局部山峰，婉转含蓄、集中充分地展现了狼牙山总体厚重雄壮的风貌。它使观者不由自主地联想到，那是狼牙山最宝贵的品格，也是中华民族坚忍不拔性格的象征。豪放之中，也有婉约写意传神。

画作《狼牙山》没有刻画人物和重大

杨尧 狼牙山 190×300 布面油画 2012

杨尧 武夷山庄 80×60 布面油画 2012

的历史事件，但它所刻画的壮丽景色，饱含着画家热爱祖国的丰富情感，娓娓抒情地传递着发生在狼牙山的令人热血沸腾的历史篇章。画作与观者不可避免地发生了情感的交流。曾记否，1941年8月，八路军的五位战士为掩护群众和大部队的转移，留守狼牙山和日寇血战到底。在弹尽粮绝的时刻，他们宁死不屈，纵身跳下数十丈深的悬崖，谱写出一首气吞山河的壮丽诗篇。五位战士中的马宝玉、胡德林、胡福才壮烈殉国，葛振林、宋学义被山腰树枝挂住，幸免于难。画家委婉的艺术笔法，赞颂了狼牙山养育了中华民族精忠报国的优秀儿女，狼牙山为之自豪！狼牙山在中华民族争取民族解放的百年征程中更为壮丽辉煌！

婉约为主 婉豪相揉

《卢沟晓月》《狼牙山》的艺术实践证明，一种外来的艺术形式，只有在艺术创作的过程中，不断吸收和融化民族艺术的精华，才能逐步形成具有民族特色的艺术风格。杨尧先生是油画家，但他深厚的中国文化积累，使他自觉或不自觉地

杨尧 广州农民运动讲习所旧址之一 170×150 布面油画 2012

杨尧 翠亨村孙中山故居 190×150 布面油画 2012

在油画创作中把中国画的理念、技法融入其中，使他在表现中国题材的作品中，可以得心应手地反映出民族的社会心理、民族情感、民族的文化渊源。

油画是从西方传入的，但它在走向中国化的过程中，也必须接受中国人习惯的审美眼光，接受本土化的在漫长的文化艺术发展中逐步形成的艺术理念的检验。由此而言，从传统的文论角度衡量，杨尧的油画深受中国传统艺术委婉、细腻风格的影响，带有明显的中国古代艺术创作的婉约风格的特点。如上所述的《卢沟晓月》《狼牙山》即是例证。

两幅作品，表面看艺术表现形式不同，《卢沟晓月》多有中国工笔风景画的细腻风采，似以婉约为主体风格；《狼牙山》色块结构、水墨写意韵味，似以与婉约相对的豪放为主体风格。两幅画是否能统一在杨尧先生婉约的风格之下呢？我认为，可以。

艺术创作内涵丰富多样。自古以来，中国诗画艺术家的创作特色，或以婉约为主体，或以豪放为主体，但婉约中包涵着豪放；豪放中包涵着婉约也是常见的。人的情感表达复杂多样，豪放与婉约错综相溶，是必然的。古代婉约大家李清照既有“莫道不销魂，帘卷西风，人比黄花瘦”这样的婉约佳句，但也有“天接云涛连晓雾，星河欲转千帆舞”（《渔家傲》）如是的豪放；豪放大家苏轼既有“大江东去，浪淘尽”粗犷豁达气派，但也有“回首向来萧瑟处，归去；也无风雨也无情”（《定风波》）这样的婉约多思意境。杨尧先生的画作，诚也如此，婉约与豪放相揉，但艺术思想的揭示，则还是婉转曲折，有如层层剥笋，以婉约为主，因而其作品多有民族艺术的含蓄丰富，余音绕梁三日不绝也。对杨尧先生画作风格如是观，可否？期待指教。

中国美术馆 [北京·筑中美术馆]

心象·诗性 风景油画邀请展

从隐喻到心绪

——中国油画风景的多重表现结构

文/尚辉

写实油画在当代中国的火爆，几乎超出艺术史的预料。当然，这种写实多半指人物题材，假若审视风景油画，也许是另外一番情形。相对于当下中国写实人物画那种严谨细微的造型和丰富多样的个性追求，油画风景少了几许整饬细微的描写，也少了几许单纯通过风景的描绘来展示中国写实技艺与水准的探索。应该说，具有创作意义的风景油画，在中国从来都没有追逐过真实的再现性，更多的是和中国本土艺术——文人山水画形成某种对接，从而获得更多本土传统文化的滋养与改良。

不论是从20世纪初开始的中国第一代油画家，还是从新中国开始接受俄罗斯油画影响的第二代油画家，他们笔下的风景创作几乎都没有出现纯粹意义上的自然描摹，而是从外在自然的再现转向心象空间的探索。在第一代油画家里，刘海粟、颜文樑、陈抱一或许可以代表中国早期油画风景的三种不同艺术取向。一边从事中国画创作一边从事油画创作的双料刘海粟，自觉地将石涛的用笔转化为他油彩的笔触，他因这种用笔的老辣生拙而形成雄奇朴厚的黄山油画风景。对焦点透视研究最为深入的颜文樑，则在他貌似写实的风景空间，不动声色地融入了许多为营造诗境而改变了的意象光色。从日本学得后印象派与野兽派画风的陈抱一，则在东洋化的油画基础上更加娴熟自然地渗透了中国文人那种散淡悠远的情怀。他们开启的中国油画风景，分别从偏重于写意、造境和心性的角度体现了中国油画风景的独特面貌。

这个展览选择的画家，是从新中国成长起来的一代油画家的代表而揭开的。作为"马训班"标志性的人物和"油研班"的佼佼者，詹建俊和钟涵都以主题性的人物画创作为主。不过，和他们同代人主题性的创作不同，他们的人物画创作都很善于借景发挥。不能否认，詹建俊的《起家》和《狼牙山五壮士》作品里那些景色的描绘，对于画面主题的烘托和点题的作用。如果没有宽阔的场景和对于原野上骤然风起的铺排，《起家》也不会产生那令人激情向往的北大荒的开垦生活；如果没有将英勇献身的战士形象和狼牙山融为一体的隐喻塑造，《狼牙山五壮士》的主题寓意不会如此形象深刻。也不能否认，钟涵的《延河边上》对于黄昏时分延河氛围的渲染，那种在解放区出现的祥和恬静以及主席和乡亲散步恳谈的闲适，或许反衬出的正是领袖运筹帷幄的不凡气度。

惯常于这种艺术构思的画家，他们笔下的风景也不会仅仅限于自然的描绘。詹建俊爱画长城、松柏、枫叶、白马，而且他的这些创作性的风景几乎都不是写生所得。像他的主题性人物画一样，这些风景之作不仅经过构思构图的反复推敲，而且他再造的风景往往具有戏剧性的冲突和色调的重新调度。这些风景无疑具有主题性，一如他的人物画。他在这些画作里抒发的依然是英雄主义与理想主义，只不过更深入到对于人性品格的象征与揭示。钟涵对于黄昏有种特别的敏感性，这是他从《延河边上》就散发出来的一种特质。黄昏的落日总是那么恢弘壮阔，似乎那些最绚丽的色彩都要浓缩在最后短暂的瞬间。实际上，钟涵始终拥有一种省思历史的精神，这使得他不会仅仅描写外象的风景，而是通过风景呈现他对于历史的沉思和对于浮世的穿透。不论是他叙述性的《校尉胡同雪后》、《原上长云》、《五台山显通寺》，还是富于哲理性的《行舟与弃舟》和《江水与石头的书》，他总是选择土黄色的基调，渲染黄昏将尽时深沉壮阔的氛围。他的这些风景与其说是对人文遗址的

段正渠 黄河（局部）布面油画 2003

描写，毋宁说是对历史兴废、人世沧桑的一种感喟，他始终抓住不放的是那些蕴藏在风景里的历史文化的静穆与沉重。

从俄罗斯外光油画体系延展而出的赵友萍，在晚年的风景创作里呈现出色调的简化和空间的扁平化趋势。她几乎远离了她原来形成的驾轻就熟的条件光色描绘，而着意近于灰白或米白和大块黑色之间构成的某种矛盾冲突，从而将天地相遇、风云际会的突变与神奇囊括于这种黑白纠葛的表现中。丙烯与油彩的混用，构思的预设与泼彩的不测，都共同构成了她风景油画的语言特征。这些几乎没有人的大山大水，抒发的依然是她饱满的英雄主义豪情，她把自己博大的心胸倾吐在那些峥嵘奇幻的云山变灭中。张祖英的作品注重光色的真实再现，他尤其喜爱画幽深的月光，不论是早期的《梦故乡》，还是后来的《山之魂》、《大三巴的诉说》，他总是把月光投射到画面的主体形象上，而相对减弱其他景物的光亮，以此凸显主体形象的鲜明性。显然，他的这种风景在貌似真实的时空里进行了诸多戏剧性的设计，而这种设计的目标都指向了意境和象征。《梦故乡》是用油画的光色抒写的江南诗意，《大三巴的诉说》是通过澳门教堂遗址诉说的历史，月色的营造和建筑体的坚实感都赋予这些景物以言说历史的品质。而《山之魂》就是那样一座可以感觉其魂魄的山巅，也许它只是一座月光下的山脉，但通过造影和坚实的塑造却给人以历史的遐想。这些画家笔下的风景，更多的是追求某种象征性，他们创作的立足点仍然是通过风景述说历史、表现人格。因而，这些风景也往往被赋予某种主题性，崇高、静穆、雄厚也便成为这些作品凸显而出的审美品格。

如果说詹建俊、钟涵、赵友萍、张祖英等因主题创作的精神血脉，而促成他们的风景具有浓郁的史诗性。那么，在新时期成长起来的一代画家，也因现代主义影响而使得他们更多地转向内心世界的观照。对于20世纪五六十年代出生的这一代画家而言，他们经历过十年动乱，但也恰恰是这种动乱让他们下放到乡村荒野，从而感受内心荒漠的、理想幻灭的风景。从精神气息上，他们本能地和现代主义艺术具有一种亲近感，因而他们眼中的风景也便随着内心世界的反应而呈现一种变异的审美。他们的精神底蕴依然涌动着理想主义的激情，形诸画笔的是对于宏大叙事的挚爱。在他们的笔下，景物常被演化为大地的风景，遵从内心的真实，促使他们的创作并不局限于某个具体角度的描绘，而是将大地置于遥远的观照，并通过想象重构现实。这些风景油画以超现实的审美体验和幻觉心理的精神探索为基本特征。

出生于内蒙古草原的朝戈，对于"浩瀚"有种本能的反应。他的风景大多是宽阔的构图，地平线几乎消失在画幅的中上部分，以此最大限度地展现辽阔无垠的草原。富有意味的是，他很少描绘春夏之季的肥草沃原，而喜爱描述秋冬之季枯黄的草原、荒漠的沙丘、宁静的野水与停滞的朵云。他的这种"浩瀚"只有季节的标志，而无时光的记录，仿佛那些浩瀚和辽远都停止了呼吸凝固了时光。在油画语言上，朝戈追溯欧洲文艺复兴早期的坦培拉画法，去除油性的浮光而着意于纯朴质实的品格。这种语言的回归，还使他在精神情感的表达上转向具有宗教归属感的静穆追求。单纯的高贵，静穆的伟大，才是他风景的真正审美归宿与精神诉求。因而，他的作品从来都不是眼中风景的记录，而是他内心真实的探索。

同样是一种纯朴，段正渠的黄河渔

夫充满了神秘诡异。他的作品富有童话的浪漫，却去掉了那种童真的温暖；他的作品具有超现实主义的幻觉，却蔽除了那种超验的惊悚。其实，他的风景依然画的是黄河船夫的传说、黄河岸边的田垄和黄河上空的星辰，只不过，他从不画那些太实的景物，他总是把那些阳光下的沟壑田垄幻化为一种传说的模样，在那里寄托他自己对于历史人文的吞吐俯仰，在那里描绘他童年对于黄河民谣的梦幻。他喜爱黑色、土黄，似乎这两种色彩可以撑得起全天下的靓丽；他用笔粗厚朴拙，仿佛世间的一切细节完全可以用最厚重笨拙的画笔概括。这或许都得益他童年黄河的养育与记忆。白羽平的雪野，似袒裸的大地，高高的视平线和从近前蜿蜒伸向远方的路，也一直成为他画面的视觉焦点。他的风景，像朝戈那样并无突兀复杂的构图，平远的景色中，常被混拼成俯瞰之势。的确，他描绘的是大地，但当大地被推远之后，也便形成一种历史的俯察，从而将普通的风景升华为玄幽辽阔的时空。人们惊叹于那大地上纵横交错的沟壑，那记录着过往一切的留下了伤痛的岁月皱纹。这些大地上的褶皱以及因不同时光形成的大地上的阴影，其实也构成了他画面内的抽象元素，加之画面被意象化的色调、视觉焦点的厚重色块与笔触堆塑形成的粗糙坚实的质地，使他的作品更加脱离了实景而具有了某种超验性。

这些作品都从日常的风景审美，转向了一种心理暗示和梦境幻觉的情境体验。风景只是为审美提供了“在”的场所，而画家着意的则是“不在”场域的精神超度。相对于朝戈、段正渠和白羽平的这种超验的风景，王克举、任传文、张冬峰和洪凌的风景则在于日常叙事。他们的风景创作，既没有赋予对象以崇尚的喻象，也没有过多加入主体的梦幻想象，而是在日常所见的景色中挖掘隽永的诗意，他们追求的

段正渠 右玉风景之十 80×130 布面油画 2010

詹建俊 劲风 180×150 布面油画 2005

是寓于平凡中的散淡情怀。任传文的风景具有明显的纪事特征，风景只是他事件记录的一部分，并因这种纪事而被赋予过去时光的影调。他的《慧语》《有水塔的家园》《昔日的时光》和《浮生系列》等，都不着意风景本体的优美或壮阔，而着重这些常常走过的甚至于熟视无睹的景物因自己曾经的事件而被赋予的某种特殊意味。他的作品并无神奇的构图，也无漂亮的冷暖色调，而是以平远的视角、写意的笔触，使这些景物弥漫出淡淡的忧伤。

疏淡，无疑是张冬峰风景的审美情怀。作为长期生活在广西的画家，张冬峰的作品一直力求能够呈现广西地域的自然风貌。湿润多雨的气候、繁密茂盛的植被、石灰岩层的山峦以及到处可见的水塘，为画家提供的并非是符合油画光色表现的对象。张冬峰的油画风景图式是以"淡"字统领画面，他减弱了植被的绿色饱和度，也很少画出天空的蓝色，总是以米色微暖的灰调与柔和的笔触呈现天水一色的画面。他善于画出灰调里的色彩，这些色彩并不在于色相冷暖的微差变化，而在于在画布的油性特质里寻求薄透的灵动、松活的透明。他不是简单地呈现中国画用笔的写意，而是从心境上体味传统文人山水的飘逸与淡雅，他试图在油画风景上转换中国画的这种深层的精神格调。

黄山，从来就是传统文人画的精神载体。画出其骨的渐江、画出其影的梅清、画出其神的石涛，几乎画尽了黄山的各种妍态。而现代的刘海粟，则用碑学书法的用笔捕捉黄山的千峰竞秀、云海奇变。洪凌的黄山试图用丙烯和油彩的混合介质，呈现具有抽象意味的山势结构。他追求抽象与意象、描绘与表现、理性与自动的纠合，并在这种矛盾方法的表现中寻找某种平衡性。他喜爱描写秋冬季节的黄山，秋林的灿烂，冬雪的静穆，都成为他油画黄山的心灵呈现。如果说洪凌的山石呈现的是艺术主体泼、撒、点、滴的表现性，但那仍然没有脱离南方人式的一种张扬，那么，王克举笔下的山村则无不具有坚实的建筑体量感和热烈的冷暖色块夸张。出生于齐鲁大地的王克举，在精神上一直就没有离开过山村乡野。从乡土写实的人物画，到具有立体结构特征的乡村风景，他描绘的从来就是他最熟知的乡村生活。因而，他画得色彩再斑斓，那都是从民俗生活的描绘生发出的一种高华与绚丽；他画得结构再分割，那都是用土地的阡陌丈量的体块和诗情。他把乡村画得洋气了，他把自然画得人文了，他把灰色画得靓丽了，他画出的无疑也是具有现代视觉经验的乡村山野的风景。洪凌、王克举的风景具有一种现代特质，虽然他们热衷于描绘自然。他们风景的呈现方法，或许也揭示出现代视觉经验对于我们观照自然的影响。

任传文、张冬峰、洪凌和王克举的风景，显然是地域的、个体的、心绪的。他们无意于宏大叙事，无意于幻觉超验，而在日常的叙事里描述流逝的陈年往事，挖掘地缘色彩的独特性，表现已经淡漠了的心绪和心境。这或许也可称之为心情的风景。

这个展览试图对新中国以来的风景油画创作予以框架式的勾画，以此探讨油画本土化在风景题材里呈现的状态与面貌。的确，我们对于中国油画风景的叙事方法以及个人言说方式，是缺少研究的，甚至于对许多类型的风景缺乏自觉的认识。这或许就是我们策划这个展览以推动学术研究的意义。

朝戈 湖之彩 40×60 布面油画 2009

赵友萍 云海 77×103 布面油画 2000
张祖英 吴哥的微笑 160×125 布面油画 2008

2012.9

朝戈 静止的河 35×61 布面油画 2012
白羽平 浴日 80×100 布面油画 2011

钟涵 原上长云 120×120 布面油画 2012
洪凌 太素 180×150 布面油画 2011

任传文 海 145×200 布面油画 2011
王克举 春归沂山 120×140 布面油画 2011
朝戈 圣道 80×40 布面油画 2007

【艺是】

中国油画
有着宽广的发展空间

张祖英

中国艺术研究院研究员
中国油画学会副主席
中国国家画院油画院副院长兼秘书长
北京国子监油画艺术馆副馆长

中国油画有着宽广的发展空间

文/张祖英

欧洲油画艺术经过600年的历程，在已发展到如此高度并从艺坛中心转向边缘的情况下，中国的油画艺术是否还有可继续发展的空间？这是油画家们最为关心的课题。特别是在前几年西方艺术界已有“绘画已经死亡”、“架上绘画消亡论”等说法，曾经引起我国一些艺术家的困惑和迷茫，且不论此说法是否正确与客观，或是否仅是西方一些业内人士的片面观点，然在中国文化环境中发展起来的油画艺术有着不同文化背景和社会状况，上述观点是否适用？则要由我国精神文化的需要来决定。我十分同意靳尚谊所说的：“一种艺术形式是否能延续下去，取决于两点：一是这种艺术在中国土地上还有没有自身成长和发展的空间，再就是取决于它是否还受到社会公众的接受和欢迎。”而现实情况是，油画在中国正展现出蓬勃生机，答案是肯定的。中国油画的未来要由我们根据国情独立思考来决定，当前每年几十万的考生、数十万从业人员和各种艺术

徐悲鸿 珍妮小姐画像 136×98 布面油画

靳尚谊 塔吉克新娘 60×50 布面油画 1983

活动如雨后春笋的兴旺景象，就是明证。

起源于欧洲的油画艺术，体现了欧洲的文化精神，它与欧洲人文历史、哲学、科技的社会进步密不可分，其璀璨的成就对人类文明的贡献在世界文化宝库中具有重要的代表性。从宏观来看，中国油画和欧洲油画的发展过程有着不同状况。

切实加强油画的本体语言研究，对其涉及精神表达和艺术技法方面进行深入探讨，应作为近期的研究重点

我们了解欧洲油画在不同历史时期的发展进程，每个阶段都留下了一批代表画家及艺术珍品。几百年间，每个时期的发展与当时的社会环境密切相关，包括科技进步带来文化理念的变异，循序渐进，基础扎实，艺术语言不断丰富多彩。而中国油画从传入至今虽有百年历史，但总体看发展时间短，又大都处在社会动荡时期，直到新中国成立后政府大力提倡，特别是改革开放以来的30多年间，中国的油画家对西方绘画的了解，犹如在欧洲油画艺术长廊中间横开一扇门，大家根据艺术爱好各取所需，从文艺复兴前后到现代艺术诸流派，同步直奔油画历史的各个阶段，如饥似渴地吮吸各种知识和艺术营养。新时期以来短短30年间，凭

着中国艺术青年的才智、热忱和急切进入欧洲艺术殿堂的干劲，取得了瞩目的成绩，蹚过了欧洲油画的各个阶段，其速度令世人惊诧。各种风格流派、各种观念和思潮广收并蓄，似乎欧洲已有的我们都已具备，甚至他们没有的我们也在实验。中国油画进入迅猛发展的盛期。但冷静看来，我国油画艺术在品质和深度上与欧洲传统精华还有相当距离，总体上还是缺乏底蕴，我们不能满足于浅尝辄止的状态，由于缺少文化积淀而深感基础不实。犹如平锅里的发面饼，虽然铺满锅底，其中却漫布空洞，显然在此基础上难以盖起高楼大厦，更不要说攀登艺术高峰。由此从艺术的长远发展看，要想往高处去，必须先夯实基础，应该在当前中国油画的各个层面向深度开掘，提高它的总体水平，切实加强油画的本体语言研究，对其涉及精神表达和艺术技法方面进行深入探讨，应作为近期的研究重点。

近年，因工作变动，我有机会以较多的时间投入创作实践，赴各地名山大川采风写生，特别是多次赴欧美各主要博物馆细览，并与师友同道切磋研究经典名作和艺术流派兴衰与变迁之道。通过对比认真体悟和思考，我有一些粗浅的感受。

欧洲的油画艺术吸引我们的是什么？她的魅力为何会使我们不懈追求？除了其中精神文化内涵之外，油画艺术的那种特殊美感是重大关注点。油画艺术必须保持和展现其基本的艺术特质——本体艺术语言的独特品质，包括色彩、空间、体积、材质美。不论是多层次色阶覆盖造成的交响效

王怀庆 大明风度 145×130 布面油画 1991

张祖英 穿红衣服的塔吉克姑娘 135×100 布面油画 2012

果，还是轻舒薄罩优雅隽永；不论是加强边线，还是模糊边线；不论是强调黑白对比，还是追求色彩和谐协调；不论是讲究严格造型，还是强调夸张变形……在艺术构成的各个方面，在观察方式和具体技法运用时发挥个性创造，就会使审美视觉上发生丰富变化而呈现新颖的观感。观赏几个世纪创造的艺术瑰宝，可以体悟艺术家的创造智慧，随着认识的不断深入，我认为油画作为特定的艺术，其艺术特质决定可以有广阔的发展空间。但作为一个艺术门类其表现形式又必须是有其边界和局限的，诚然广向姊妹艺术借鉴可使本身丰富和发展，然若无限制打破或与其他艺术综合，则会取消或削弱这门艺术的基本特征，而艺术特征的趋同化，会导致艺术形式的单一化，在总体上失去艺术的丰富性，这应引起重视。我记得上世纪60年代初，北京文化界曾举行了一场关于京剧改革的大讨论，提出了“京剧必须姓京”的观点，京剧吸收姊妹艺术长处为其营养，可以丰富京剧这门艺术。但如果改革失掉了西皮、二黄这个京剧的主要特征，而变成另一种歌剧，就会导致取消京剧艺术，那就是京剧改革的失败。这是很有说服力的。

要提倡创造的精神自觉，努力寻找属于自己的艺术语言，作出有价值的创造贡献才能留存于世

艺术门类的生命力是由其艺术语言自身的表现功能和创造功能所赖以支持的。综观欧洲油画传统，由于地域和文化不同，在油画艺术发展的某一阶段各有区别，但因西方社会文化大环境所致，也因宗教及文化上的紧密联系和相互影响，总体上属于一个体系。无论是意大利、西班牙、法国、荷兰、德国等，放眼欧洲各大博物馆，虽然人才辈出，琳琅满目，但几百年间人们一致认为属于大师级的也只集中于几十位艺术家，如达•芬奇、拉斐尔、波提切利、提香、伦勃朗、委拉斯贵支、维米尔、安格尔、德拉克洛瓦、戈雅、达维特、科罗、马奈、莫奈、梵高、塞尚、马蒂斯、毕加索等。在我们眼中某个欧洲博物馆的重要程度，就是看该馆所收藏这些大师代表作的多少，而不是建筑物本身的华美。这些彪炳史册的大师，无不在油画艺术语言方面作出了开创性贡献。他们的大量作品，展现了油画艺术丰富的表现力和璀璨成果，推动了世界油画艺术的进步。在某种意义上，艺术史就是艺术语言不断发展和创造的历史。正是他们的才华把油画艺术的魅力发挥到如此高度甚至达到极致，他们不愧是人类艺术的创造者。但从人类文化长河的历史思考，今天油画艺术的发展是否就此止步而不能前进了呢？

由此想到在艺术广阔天地、与欧洲艺术不同环境下生长起来的中国艺术家，身蕴着悠久的中华文化传统精神和不同的审美理念。今天我们继承传统，必须要立足在创造的基础上，才能理解传统的精髓，达到发展的目的，从而体现生命的价值，因此要提倡创造的精神自觉，努力寻找属于自己的艺术语言，作出有价值的创造贡献才能留存于世。正如最近诺贝尔文学奖获得者莫言所引用作家海明威的一句话，“一生都在寻找属于自己的句子”。我理解这不是一般文字概念的句子，而是自己对生活独特的理解，这种理解又能引起别人心底的共鸣。这也说明对个性艺术语言的重视不能只局限于技法层面，重要的还有对艺术对象包括对所处社会的观察和研究独特的视角，深化精神表达。莫言以自己的创作实践说明了他的理解，所以我们说艺术家必须具有区别于他人的独创精神，艺术家作为人类精神的创造者不同于一般人之处也就在于此。

再如我们熟悉的近代中国京剧传统中的四大名旦梅兰芳、程砚秋、尚小云、荀慧生，他们各有千秋，塑造了不同类型的旦角风采，虽从客观来看，总有高低之分，如果属于同一流派，就只能留下最优秀的一位，但正因为他们不同路向的探索，创造出不同风格的艺术风采，才能以“四大名旦”的声誉共留于世，可见一个艺术家的创作个性多么重要。但从世界上看，就因文化不同、民族传统不同而带来不同民族的创造贡献。说到底，没有创造就没有发展，就没有我们应有的位置，这表明必须大大提高在油画艺术语言的研习中个性化探求的自觉性。

我认为，在艺术语言上的不断创造和发展，是所有艺术发展的基本手段，也是其生命存在的理由，是对艺术水平衡量的标准，也就是形成艺术魅力的根本。而忽视油画艺术语言能力的掌握，犹如取消这门艺术存在的必要。近几年一些时髦的舶来话语似强调：“艺术作品画得怎样不重要，重要的是观念，是想法！”诚然，优秀的艺术品必然会蕴含精神追求在其中，但对真正的艺术品来说，深刻的精神表达也只能熔铸在艺术的审美表达之中。但如说“只要观念好，就是好作品”，其他可以不计，这使我想起了“文革”时期的 “主题先行”、“题材决定论”等说法，实际上这与所谓“观念艺术”十分相似。不具备艺术表现能力的作品，只能沦为图解或宣传，只能凸显艺术能力的途穷。这是艺术表现能力日暮途穷的窘态，而只由主题、观念来决定作品是否优秀，还不如用文字直接把观念写出来，不是更直接和清晰

闫振铎 五牛图 260×400 布面油画 2010

詹建俊 飞雪 100×72 布面油画 1988

吗?但对艺术品来说这是过于简单了,这种现象究其本质就是取消绘画艺术语言本身——艺术的根本价值,其结果是导致艺术能力的退化。

在绚丽的欧洲油画世界中仍留下一片可供中国艺术家展示才能的天地,这就为中国油画家打开了另一扇创造的大门

从文化角度看,油画艺术进入中国,中西文化交流碰撞,就会产生不同的创造成果。基辛格曾说:“创造性经常产生于两个不同概念意外碰撞的火花中。”油画进入中国,必然会面临中西两种文化的交流、碰撞融汇的过程。

今年初我和几位画友在美国看展览时的讨论中,有的艺术家有感于欧洲油画丰富和高水平似乎遥不可及,有人为此而泄气或困惑,但是也有另一种看法。认真分析建立在科学、理性和真实表现基础上发展起来的油画艺术,它的色彩、体积、空间结构包括透视都是这门艺术的重要表现元素,它又分别有写实、表现、抽象、象征等表现方式。然而作为东方文化的理念,从中国文化传统精神来说,整体上讲究天人合一,中庸、和谐、格调、境界、意蕴的诗性表达等,就如油画中经常提到的构成、节奏、对比、黑白,而中国古代画论的“气韵生动”就可概括宽广的内蕴,包括对“形与神”、“景与境”等关系的理解,它强调艺术不只是写真而是写心,以心写境,以境为画,而境由心造,也就是古代画家米芾之“画为心印”。从传统艺术中,可以感悟对客观世界的理解以达到出神入化的境地。这些古代画论的论述,无不散发着东方文化的光辉。因此,在绚丽的欧洲油画世界中仍留下一片可供中国艺术家展示才能的天地,这就为中国油画家打开了另一扇创造的大门,展现了别样的创造空间。正如一位欧洲著名理论家所言:建立在科学和理性基础上的欧洲油画艺术,着力于营造真实的客观环境和人物性格的精确塑造,而中国文化传统更多地体现作品的“画外之意”。我们了解向东方艺术中吸收营养的探索,也是不少身为有识之士的西方艺术大师在艺术探索过程中的着力点,在欧洲印象派的作品中就出现过不少东方艺术的元素,马蒂斯曾说过:“我的灵感经常来自东方艺术,这种艺术常显示出一个广阔的空间,它帮助我们走出写生画作的范围。”当然这是他们为发展欧洲艺术的着力点,但也从另一方面显示出中国美学理念的艺术魅力。

正是有着不同的出发点,我们在寻求欧洲油画艺术特质的同时,需自觉加强对中国传统文化精神的研究和思考,拓宽思路并使之有机地结合,为中国油画艺术在世界画坛展现出另一番景象。说到底中国油画艺术之所以能存在与发展,是为了满足提高国民精神文明的素质和高层次文化发展的需要,是完成对中华文明当代阐述的重任。而这正是可以成为中国艺术家独辟蹊径的广阔天地。从历史上看我们的老一辈艺术家包括林风眠、徐悲鸿、刘海粟、庞薰琹、关良、吴作人、董希文、罗工柳等,许多年前已经开

启了探索的脚步。正如：艺术先辈林风眠曾说："中国画家如要在世界上留有崇高的地位，必须保持中国特有的本质，再选择新的前进道路为画家创作的方向，以产生新的作品。我们希望中国的画家在同一态度下，联合起来，为世界艺术写下新的一页。"而未来的中国油画艺术的大师也将诞生其中。

中国社会的丰富性、多样性，恢弘的历史画卷和丰富的文学艺术宝库，为我们提供了精神世界的广阔天地，俄罗斯油画的发展也为我们提供了丰富的经验，从历史角度看这具有某种相似性，值得我们思考。

俄罗斯作为后起的欧洲大国，自彼得大帝起实行开放图强发展经济，广纳西欧各国的经验，在文化上也积极引进，派遣留学生赴西欧学习油画，兴办艺术院校，吸收欧洲油画精华，相比西欧虽油画起步晚了300年，但在19至20世纪达到高峰，在与文学界的托尔斯泰、屠格涅夫、普希金，音乐界的格林卡、柴科夫斯基，戏剧界的斯坦尼斯拉夫斯基，艺术理论界的车尔尼雪夫斯基、赫尔岑、斯塔索夫、别林斯基等一系列光辉名字组成的俄罗斯精英所造就的文化高峰大环境下，形成深沉、博大、浓郁的民族气质，而油画界则产生了如列宾、苏里科夫、列维坦、涅斯且罗夫、符罗别尔、赛罗夫、科洛文等画家和斯塔索夫、特列恰柯夫、马蒙托夫等批评家、收藏家，形成了颇具文化氛围的艺术群体。它前期以"巡回画派"为代表，以及之后的"艺术世界"包括后来移居欧洲的夏加尔、康定斯基、马科维奇等一些具有现代主义思想的艺术家。直到苏联时期的科林、普拉斯托夫、莫伊申科、梅尔尼科夫、科尔热夫等，这些优秀艺术家和作品，如《觉醒•争取和平和独立》《共产党人》(三联画)、《红军来了》《胜利》《母亲们•姐妹们》，包括由科林创作的一系列优秀肖像艺术作品等，曾被多少中国艺术学子反复观赏研究。长期以来出于文化历史及意识形态和冷战思维的原因，欧洲艺术界对俄罗斯油画没有给予足够的评价，但今天看来，如果说欧洲的油画艺术在个性审美语言的创造上取得过辉煌业绩，那么俄罗斯的油画则在艺术和社会生活以及和人民精神生活密切相连方面进行了良好的结合，同样在形式创造和内容上作出了为世人瞩目的贡献，为丰富发展世界油画艺术留下了宝贵的遗产。

与此相对比的是我们的近邻日本，自明

忻东旺 消夏 210×280 布面油画 2009

全山石 英勇不屈 233×217 布面油画 1961

治维新起同样改革图强，实施脱亚入欧的方针，全面向欧洲学习，大批艺术家赴欧留学，包括黑田清辉、藤岛武二、梅元龙三郎等早期油画家，无论在古典主义、印象派艺术和现代艺术等方面，均占有很大份额。中国的老一辈油画家，如李叔同、王悦之、关良、陈抱一、兰紫兰、倪贻德、许幸之等都在他们门下学习过，但日本在吸收欧洲文化过程中缺乏与东方文化的交融和艺术创造性，未能产生令人注目的优秀作品，日本的油画艺术始终未在世界艺坛占有一席之地，而最后日本还是以东山魁夷等“四座大山”为代表的日本画作为其文化标志。而我们中国艺术家，在引进的过程中较早的认识和提出对这些问题的重视和研究的精神自觉，正在为中国油画走自主发展道路，自觉构建油画的中国学派的理想的实现而奋发努力，这些现象值得我们思考和借鉴。

油画艺术要适应时代发展和需要，要做到艺术和当代社会精神紧密结合

作为当代中国艺术家，必须要适应时代发展的需要，创造具有时代特征的精神文化作品，表达当代感情和当代生活经验。石涛曾说过“笔墨当随时代”，艺术家除了积极融入社会生活，敏锐观察和洞察国人的心灵世界、精神需求和情感追求，也必然会面临审美理念的变化。在现代社会变化和科技日新月异的发展中，包括服装、建筑、高速公路、桥梁，包括与古典建筑不同的现代室内墙面设计以及各种大型公共艺术的出现，对今天充满生气的年轻人，无论是蓝领、白领、具有科技知识的新农民还是掌握现代高科技的新型军人，必然引起视觉经验和审美理念的重大转变，这就带来了传统艺术手法要适应现代审美的现代转型，带动艺术形式的变化和表现手法的变革，给予了当代艺术家新的探索动力。这些年，从博物馆和艺术家创作的变化可以看到一种当代艺术向简约、大方、概括以及大量吸收东方艺术元素的运用发展的趋势。

我曾在华盛顿国家美术馆细细观看维亚尔的几张小幅作品和马蒂斯的大幅作品，为这些作品单纯、大方、简约的平面效果深深感染。说到现代油画的平面性，这是形成现代感的重要手段之一，它不同于装饰绘画的简单平涂，而是压缩空间层次和色彩变化，仍具有油画艺术的色调和层次的丰富性。我在西班牙毕加索《格尔尼卡》作品前驻足，关注的是现代艺术中强烈造型的精神表达和深沉协调的灰色调的情感体验。毕加索在非洲原始艺术中获得灵感，在借鉴中创造了最具现代意味的优秀作品，正如一位前辈所说的“古到极点”、“新到极点”的名言。这些现代作品中显示出掌握油画艺术本体语言的高超艺术素养。除此之外，就是运用传统的表现手法(包括古典的写实手法)，如果注入现代审美精神，加以恰当的处理，同样可以创造出非常具有现代精神的作品。所有这些都意味着传统与现代是一种割不断的链条，说明不注重传统产生不了优秀的现代作品，而优秀的现代作品也必须孕育在传统艺术的母体之中，传统与现实、新与旧